AF326680

Dr J.-J. MATIGNON
Médecin-Major de l'artillerie
de la 35e Division.
—
Ex-Attaché
à la Légation de France
à Pékin
(1894-1901).
L'ORIENT LOINTAIN
85 Gravures
A. STORCK & Co
16, rue de Condé — PARIS

L'ORIENT LOINTAIN

DU MÊME SUR L'EXTRÊME-ORIENT

1. Un traitement chinois de la diphtérie (*Bulletin général de Thérapeutique*, 15 août 1895).

2. Complications de typhus (*Société médicale des Hôpitaux de Paris*, octobre 1895).

3. Durée de l'immunité vaccinale à Pékin (*Académie de Médecine*, mars 1896. Récompensé par l'Académie, medaille d'argent de la Vaccine).

4. Le pansement japonais au charbon de paille (*Archives de Médecine militaire*, mai 1896).

5. Le typhus des Europeens à Pékin (*Archives de Médecine militaire*. juillet-août 1897. Récompensé par l'Académie, médaille de bronze des Epidemies).

6. De l'atriplicisme (*Académie de Médecine*, 5 janvier 1897, et *Revue d'Hygiène*, février 1897 Couronné par l'Académie, mention honorable du prix Vernois).

7. L'helminthiase intestinale chez l'Européen et chez le Chinois à Pékin (*Académie de Médecine*. septembre 1897. Récompensé par l'Académie, médaille de bronze des Epidemies).

8. Sur un cas d'acromégalo-gigantisme (*Société médicale des Hôpitaux*, octobre 1897).

9. Symptomatologie de la peste bubonique en Mongolie (*Médecine moderne*, février 1897).

10. La peste bubonique en Mongolie (*Revue d'Hygiène*. février 1898. Recompensé par S. M. le Czar, croix de Sainte-Anne de Russie).

11. La peste à Formose (*Académie de Médecine*, avril 1898. Récompensé par l'Académie, médaille de bronze des Epidemies).

12. Géophagie chez un petit Mongol (*Société médicale des Hôpitaux de Paris*, février 1898).

13. Les bains au Japon (*Gazette des Hôpitaux*, mai 1899).

14. Hémiplégie cholérique (*Société médicale des Hôpitaux*, 16 juillet 1897).

15. Sur quatre nouveaux foyers de peste en Mongolie et en Mandchourie (*Académie de Médecine*, décembre 1899).

16. L'abcès du sein chez l'homme en Chine (*Médecine moderne*, 20 juin 1900).

17. Sur les récidives de la variole à Pékin (*Académie de Médecine* 30 octobre 1900).

18. Sur les bons effets des tractions rythmées de la langue dans un cas de blessures du larynx par balle de petit calibre (*Académie de Médecine*, 30 octobre 1900).

19. Le service de santé pendant le siège de la Légation de France (*Archives de Médecine militaire*, mars 1901).

20. Helminthiase intestinale, régime alimentaire et appendicite en Chine (*Académie de Médecine*, avril 1901).

21. Les complications cardiaques du typhus exanthématique Pékin (*Académie de Médecine*, 7 juin 1901).

22. Syphilis et tabès en Chine (*Académie de Médecine*, avril 1902).

23. La prostitution au Japon (*Médecine moderne*, 27 mai 1902).

24. *Superstition, crime et misère en Chine* (Ouvrage récompensé par l'Académie, mention honorable, et honoré d'une souscription du Ministère de la marine et du Ministère des colonies).

Dʳ J.-J. MATIGNON

Médecin-major de l'artillerie de la 35ᵉ division
Ex-attaché à la légation de France à Pékin (1894-1901).

L'Orient lointain

CHINE, CORÉE, MONGOLIE, JAPON

Impressions et souvenirs de séjour et de tourisme

A. STORCK & Cⁱᵉ, IMPRIMEURS-ÉDITEURS. LYON
PARIS, 16, Rue de Condé, près l'Odéon

—

1903

A MADAME J.-J. MATIGNON

Ma chère et dévouée collaboratrice,

pour me faire pardonner les longs mois de cruelles angoisses que lui causa son fiancé assiégé dans la Légation de France à Pékin (juin-août 1900).

25 mai 1903.

PRÉFACE

Mon cher ami,

Je retrouve dans mes notes de voyage les lignes suivantes :

« ...Le long de la route mandarine. Toujours ce même cadre de champs de maïs étirant leurs nappes blondes, derrière lesquelles le soleil surgit en un bain de fraîche lumière, de couleurs simples à la Corot. Pékin est au bout, sa verdure fine d'arbres grêles et ses montagnes raides clouant à l'horizon une longue bande de soie violette. Nous passons sous une porte rugueuse, pesante et noire, aux bastions égueulés par les boulets. Le long d'un canal fétide, c'est la rue aux maisons basses, l'interminable rue chinoise, hier, multitude mouvante, flot humain se serrant et s'entassant, et, aujourd'hui, fantôme de rue silencieuse et vide, aux remparts croulants qui semblent découper, dans la nuit, des ombres agenouillées comme pour demander grâce après la malédiction. »

Et mon arrivée à l'hôtel de Pékin :

« Un lambeau d'hôtel, un spectre, une illusion d'hôtel. La guerre l'a frappé d'étisie. S'il a encore ses quatre murs et son toit, c'est bien juste. Toutes les vitres sont cassées, les escaliers n'ont plus de rampes, les chambres n'ont plus qu'une moitié de porte. Le propriétaire me promet, après beaucoup de recherches, une cuvette et de la colle et du papier pour boucher les trous les plus pressants. Après quoi, il m'introduit dans la salle à manger où déjeunent les six habitués d'avant le siège. Ils viennent là comme à une corvée, les pauvres, sachant bien que des menus d'autrefois, il ne leur restera que le regret.

« Ils s'installent tristes, résignés, devant leur assiette. Je m'installe à côté d'eux. Et voyez comme le hasard arrange les choses : il se trouve que ce sont justement les volontaires qui défendirent la légation de France avec une poignée de marins. Ils ont tenu tête, pendant soixante jours, à plusieurs milliers de Chinois ; ils ont reçu des balles et des obus à en remplir tout un arsenal. Ce sont des façons de héros que MM. le Dr Matignon, Bartholin, Merghelynck, Pelliot, Feit et Véroudard. Nous causons. Ils me racontent leurs efforts inouïs, leurs espérances, leur découragement. C'est un journal du siège singulièrement net... »

« Ah! quels braves gens vous avez été! » ne pouvais-je m'empêcher de dire en vous écoutant.

Et vous me répondiez, modeste : « Il le fallait bien. »

Et voilà comment j'ai fait votre connaissance. Vous en souvenez-vous ? Depuis, nous ne nous sommes jamais perdus de vue. Nous avons voyagé dans le même sampang, sur le même paquebot, de Ta-Kou à Shanghaï. Puis nous nous sommes retrouvés à Paris. Vous m'avez apporté votre livre : *Superstition, crime et misère en Chine*, toute une série d'études d'une documentation si juste, indispensable au sociologue, au criminaliste, au philosophe.

Aujourd'hui, vous m'en apportez un second et, mieux encore, vous me demandez d'en écrire la « préface ». Je veux bien, — je ne me fais jamais prier, — mais croyez-vous que votre *Orient lointain* en ait besoin ? Il est charmant votre *Orient lointain*. Cela se lit, cela se boit d'un trait, comme un bon verre d'eau claire. Les chapitres sur l'empereur, sur la femme chinoise, sur l'armée chinoise, sur les mendiants chinois ; une « Réception à la cour de Séoul » ; une « Promenade à Onzen », croquis, esquisses et dessins achevés, tout y est. Pourquoi, diable ! demandez-vous une préface ?

Enfin, si vous y tenez...

La voilà.

Je vais en profiter pour vagabonder, à votre suite, à travers la Chine, la Corée et le Japon. Et ce me sera une joie de m'arrêter, ici et là, et plus loin, au hasard, en pays jaunes...

*
* *

Je me souviens de mon arrivée, à bord d'un
très vieux bateau chargé de bœufs et de
chèvres. De tous les coins partaient des meu-
glements, des bêlements. On ne pouvait
risquer un pas sur le pont, sans s'égarer à
travers une forêt de cornes. Le capitaine nous
en aurait sûrement mis dans les cabines, de
ces bêtes cornues, si les cabines n'avaient
été déjà occupées par des Anglais, des Allemands, des Autrichiens, des Polonais, des
Russes, l'habituelle suite des armées en
campagne, vendeurs ou acheteurs venus pour
doubler leur fortune en quelques semaines et
y réussissant.

Le soir, tout ce monde taillait des pokers
monstres, des pokers silencieux où chacun
jouait avec l'envie féroce de gagner. Cette
âpreté de la lutte est la marque caractéristique de l'Européen venu en Extrême-
Orient. On y devine déjà le voisinage de
l'Amérique. Une fièvre le gagne quand on lui

parle argent, combinaisons financières. Cette Chine énorme si étonnamment peuplée de travailleurs qui ne demandent qu'à travailler encore davantage, cette Chine aux grands fleuves de boues fertilisantes, aux grandes plaines de rizières, cette Chine, il la partage, il la coupe en morceaux qui, tous les jours, grandissent. Quand il regarde une carte, c'est avec des yeux et des doigts crochus qu'il s'arrête au seuil de la vallée du Yang-tse-Kiang. Oh ! cette vallée du Yang-Tse, cette terre promise, que de convoitises elle éveille ! Le moins belliqueux brûlerait, fusillerait, empalerait ses deux cents millions d'habitants...

Marchant cahin-caha, il s'est trouvé qu'un soir, nous avons aperçu quelque forme qui traînait dans la brume comme une étoffe. En nous rapprochant, cela s'est précisé, raffermi. Bientôt des roches lambrequinées montent à pic — pour s'étirer ensuite, en pente très douce et venir mourir, à fleur de sol, en une ligne de boursouflures jaunes. Sur des talus granitiques, dans des plis de meulières brisées, des gueules de canon s'ouvrent. La montagne se creuse comme un berceau et Wei-ha-Wei apparaît, lâchant ses maisons à travers pente.

Après Wei-ha-Wei, c'est Ta-kou, au bord de la province du Pei-Tche-Li. Au loin, le Pei-ho se roulait en méandres lents, dans la plaine sale. On le suivait, un instant, pour finir enfin par débarquer sur un quai glaiseux, marmeladé de crotte noire. Un brouhaha en vingt langues montait. La foule lamentable des coolies circulait, pitoyable chair jaune sur laquelle les soldats russes et américains tapaient à coups de bâton. Ils tapaient si bien que quelques-uns en mouraient. De ces cadavres, il y en avait partout, au pied de chaque butte, au fond de chaque mare. C'étaient des crânes, des tibias, et diverses autres pièces d'anatomie à transporter de joie un syndicat de prosecteurs, des thorax beurrés de purulences et servant de tables d'hôte à la tribu des mouches bleues, des ventres ballonnés et verdâtres, des jambes emmaillotées d'asticots...

Et ce paysage, ces pages de plaine qui s'étendaient dans l'herbe plate, à l'infini, ce paysage, sous la pluie qui tombait en longues raies parallèles, ce paysage suait le spleen, le dégoût, la peur de vivre. Le train stoppait devant des amas de cahutes en terre jaune éventrées par les boulets. Des Cosaques montaient la garde près des ponts, dont quelques-uns brûlaient encore, hier, au feu des Chinois. Mais dans cette lande interminable et déserte, ce n'était que par instants que le cadre de la guerre apparaissait. Une paix solennelle, souveraine, absolue, descendait de ce grand ciel noyé. Et jusqu'à Tien-Tsin, nous avons marché dans une sorte de lumière éteinte, de profondeurs grises qui semblaient plonger de l'autre côté de la terre, comme en ces temps bibliques « où le jour n'était pas encore »...

*
* *

... Je me souviens de mon arrivée sur cette côte coréenne, à Chemulpo. Ses roches piquent leurs têtes chevelues de verdure, dans la mer d'un bleu de turquoise fondue, la mer calme, à peine plissée de rides, sous le soleil à son déclin. Et ces roches s'allongent, se multiplient, courent les unes sur les autres, comme en un steeple-chase de monstres que quelque cataclysme aurait, soudain, immobilisés là, pétrifiés en pleine fuite...

Accrochée à un coteau camard, Chemulpo aligne ses maisons en damier, ses maisons basses, recouvertes de chaume, et pareilles, dans leurs formes arrondies, à des cases de nègres. Il en est qui glissent sur les quais, s'éparpillent en débris de terre rouge ; d'autres qui s'étayent de planches branlantes, de vieilles toiles rapetassées, maculées de boue sèche ; d'autres, très rares, celles-là, qui se coiffent d'un étage... Mais toutes se peuplent de cochons crottés et de gamins morveux...

...De Chemulpo à Séoul, au bord de la mer cerclée de collines, d'îles dentelées avec des coins de criques où de nouveaux villages se blottissent, où, de nouveau, les petites maisons se jettent à la débandade, sur les pentes vertes, sur les routes qui longent des carrés de culture, des champs de riz... Soudain, les collines s'élèvent, enchevètrent leurs verdures, et voici qu'au bout de la plaine, une grande montagne barbouillée de violet ferme l'horizon. Je traverse le fleuve Han-Kang sur un pont de fer, d'abord, sur un pont de bois, ensuite ; pont de fer et pont de bois en un tel état de décrépitude que le fameux pessimiste Senancour qui chercha, durant trente années, un moyen convenable de se tuer et ne parvint jamais à le découvrir, aurait repris confiance à la vue de ces deux ruines.

Des maisons de chaume, encore, et partout. Enfin Séoul au pied de la grande montagne cassée d'angles, hérissée de redans et merveilleuse, mangée de soleil, surgissant dure, coupante, d'un fourreau de grisaille violette.

Ces maisons de chaume, ces petites maisons de chaume, on ne voit qu'elles au bord des rues larges que traversent des tramways électriques (et cette électricité, dans ce cadre de

pouillerie séculaire, constitue bien la chose
du monde la plus ahurissante!) Des boutiques
de Japonais s'empilent aux côtés des boutiques de Coréens, barbiers japonais, pharma-
ciens japonais, photographes japonais, car le
Japonais, en venant au monde, est désigné
d'office pour l'une de ces trois professions.
La chaussée se pave de détritus; les égouts se
répandent dans la ville ; des marchés s'installent en plein air, barrent la route aux
voitures ; des équipes de coolies suivent la
ligne empierrée des trottoirs, s'accroupis-
sent auprès d'un fossé et s'y attardent, sans
honte.

Juste à ce moment, arrive l'aristocratie, le
descendant d'un ancien chef de tribu secoué
dans sa chaise à porteurs ; arrive la bourgeoisie, en famille : le père, son chignon relevé
sous le chapeau noir, sa pipe longue d'un
mètre et son bâton ; la mère, paquet informe
enveloppé de loques blanches et l'héritier,
autre paquet informe enveloppé de loques
roses. Du blanc et du rose : le blanc pour les
grandes personnes et le rose pour les enfants,

une jolie palette de couleurs fraîches qui me rince les yeux de toute la saleté gros bleu que les Chinois y avaient logée.

Et je les suis, mes bons Coréens, au hasard de leurs promenades, de leurs flâneries à travers les ruelles torses. Ils ne sont point pressés ; ils ne doivent jamais être pressés. Ils marchent à petits pas, le mari devant, ainsi que la dignité conjugale l'exige, et l'héritier un peu à la traîne, plongeant parfois dans quelque trou qui tache de noir le rose pastèque de sa robe. Je m'arrête avec eux devant les magasins aux étalages débordants, j'assiste à leurs hésitations, à leurs marchandages et il me semble que je comprends la voix grêle des vieilles femmes au seuil des portes. Si j'avais le moindre penchant aux réflexions philosophiques ou morales ou sociales, je pourrais vous dire, en deux ou trois pages, que l'humanité est partout la même et que je ne vois pas grande différence entre ce coin de village et un coin de Bretagne ou de Normandie... Mais je n'ai aucun goût marqué pour les réflexions philosophiques ou morales ou sociales et je continue de suivre mes Coréens sans penser à rien.

*
* *

Au sortir de Chemulpo, et bien avant dans l'archipel de la Corée, c'est la débâcle des îles de toutes formes et de toutes végétations, les unes rasées de près, les autres portant une longue barbe de bambous. Des îles camardes ou rondes, écrasées ou pyramidales, hexagonales ou pentagonales, des îles en cohue, fichées sur le flot comme un jeu de quilles.

Mais le lendemain, il semble qu'un coup de plumeau ait débarrassé la mer de toutes ses verrues. La mer est lisse sous un brouillard en crême fouettée que le soleil égratigne de raies d'or. Quand soudain, voici que le chaos revient ; voici que de nouvelles roches l'emplissent, s'entassent, se soudent en chaînons, montent à l'assaut de la brume, la bousculent, la déchirent en loques qui pendent comme des draps de lit au-dessus de l'eau. Il

en est, de ces roches, qui s'allongent ; il en est
d'autres qui se replient sur elles-mêmes. On
en voit qui brandissent à leurs sommets des
panaches d'arbres échevelés et d'autres si
bien alignées, si géométriquement harmo-
nieuses, qu'elles s'arrondissent en éventails.
Il en est de drôlement plantées en forme de
bouteilles ; il en est de carrées en forme de
châteaux forts, salies de rouille, plâtrées
d'ocre. Il en est de si follement boisées que
leurs futaies s'agitent comme des crinières au
souffle du vent....

L'œil ahuri passe de l'un à l'autre de ces
îles, de ces îlots, de ces récifs, de ces brisants,
suit tous ces pics, ces pitons, ces bosses, ces
crêtes, ces croupes qui hachent la mer en
menus morceaux, l'œil ahuri passe, sans pouvoir s'arrêter. Il se demande où cela finira,
et s'il n'en pousse point quelques douzaines,
toutes les nuits, de ces extraordinaires archi-
tectures ?

Enfin, le brouillard s'arrache fil à fil, les
montagnes s'élèvent parallèles au fond d'un
entonnoir et Nagasaki se couche sur leurs

pentes, éparpille les cubes réguliers de ses maisons dans les touffes vertes des cryptomerias.

La première impression, au débarquement, c'est qu'ici tout est exigu, gringalet, filiforme. Tout est d'un peuple d'enfants. On aurait envie de les prendre, en tas, ces petits, petits Japonais, avec leurs petites mousmées, leurs minuscules marmots et de les fourrer, tous, tous, pêle-mêle, dans la poche de son gilet. Ces rues bordées de petites cases sous lesquelles apparaissent de petits êtres accroupis comme de petites marionnettes ; cette ligne ininterrompue de petites boutiques, de petits bric-à-brac, en plein air, sur des nattes..... cette égrenée de petites femmes et de petits bouts d'hommes jaunes et secs comme des bâtons de réglisse, tous vêtus du costume national, longue tunique à larges manches et traînant leurs socques sur le pavé...

La foule grossit, grouille dans l'enchevêtrement des « pousse-pousse », des *djinrickshas* qui semblent des voitures de poupées. Elle rit, elle parle, cette foule, précipite ses mouvements. Elle rit, elle rit toujours. Un Japonais qui ne rirait point ne serait plus un Japonais. Le vrai Japonais doit rire, toujours rire, même avant de s'ouvrir le ventre.

Ce rire qui court de bouche en bouche, ce pépiement, ce caquetage au seuil des échoppes, les cris des vendeurs qui passent..... On se croirait dans une volière. Et c'est le charme de cet adorable pays : la gaieté de son peuple, la gaieté de ses montagnes et de sa mer, de ses forêts et de ses plaines.

Le peuple rit ; la montagne rit ; la forêt rit de toutes ses feuillées qui s'échappent en tumulte, comme des houppes de soie vers le ciel... Et la mer éclate de rire, cette exquise *Suwo Hada*, quand elle s'attarde aux creux de ses golfes, quand elle festonne d'écume blanche les sables de ses grèves, quand elle se couche au pied de ses falaises, si câline, si enveloppante, si femme !... Oh ! la joie de toute cette verdure, de cette mer et de cette montagne aux lignes flexibles ! Oh ! la joie de se trouver dans ce Japon, au sortir de cette Chine pelée et pouilleuse ! Oh ! la joie de la rue japonaise, de ces hommes aux gestes prompts et vifs, secouant les bras, les mains, comme une fourmi secoue ses mandibules...

C'est une interminable série d'étalages comme ceux d'Europe et achalandés d'aussi multiple façon : marchands de curiosités, marchands d'étoffes et de kakemonos. Ce sont des maisons bien alignées, dans lesquelles on ne saurait entrer sans se cogner la tête aux poutres du plafond, des maisons-écrins, proprettes, fourbies, brossées, épucées, immaculées, avec leurs tentures en papier sur des châssis de bois blanc, leurs planches recouvertes de nattes épaisses. Tous se tiennent accroupis sur ces nattes, comme de petits singes. On leur chercherait une clef dans le dos pour les remonter, tant ils semblent frêles, d'une menuesse de joujoux découpés dans du carton. Ils bavardent en une sorte de gazouillis tout en *o* et en *i* ; ils se versent, au compte-gouttes, de petites tasses de thé que les moineaux de chez nous videraient d'un trait ; ils fument des cigarettes, commencent un boniment et l'interrompent pour grignoter des pâtisseries sèches, pour rire quand une femme passe... Et, très avant dans la nuit, nous aurons cette même vibration de foule, ce même bruit de sandales claquant le pavé....

Aux coins des vieux quartiers, il y a des foires, des baraques de lutteurs, d'escamoteurs, de montreurs d'ours et de veaux à deux têtes. Un charlatan improvise une harangue pour vendre ses rasoirs ; un pitre souffle dans son piston ; un ventriloque imite le miaulement du chat ; une façon de lanterne magique popularise la récente guerre contre la Chine : les troupes japonaises enlevant à l'assaut les forts de Tien-Tsin, tandis que les troupes européennes les regardent, de loin, émerveillées.

Des flâneurs se tenant par la main, comme en une immense farandole, vont et viennent au milieu de ce salmigondis de couleurs et de formes, s'arrêtent devant les bazars aux vitrines débordantes, se saluent, se resaluent, se demandent réciproquement de leurs nouvelles, badaudant sans ennui, toujours du

rire aux lèvres. Un bruit monte de tambourins et de flûtes, d'appels de voix; des lambeaux d'étoffe servant d'enseignes, battent
au-dessus de toutes ces têtes...

L'idée religieuse se mêle intimement au
peuple. Le bouddhisme s'est transformé au
gré de sa fantaisie, de son humeur de chèvre.
Il ne paraît pas très croyant, le Japonais, ou
s'il l'est encore, il ne veut point que sa
croyance détruise ce besoin de bonheur
immédiat, de bonheur sur terre, de quiétude
gaie et simpliste qui est en lui. Il ne dira
jamais : « Prions » ; il dira plutôt : « Amusons-
nous à prier »! Quand il a fini de rire au ventriloque qui miaule, au pitre qui souffle dans
son trombone, il est pris de remords. Il va
chez le Çakya-Mouni, là, tout près, à deux
pas du montreur d'ours. L'autel est surchargé
de brûle-parfums et de fleurs de lotus ; le
bonze habillé de jaune sermonne l'assistance :
une légion de femmes assises en chien de
fusil sur les nattes. On ne voit que leurs
nuques couronnées de lourds chignons. l'échafaudage le plus compliqué de chevelures

mastiquées d'huile, piquées d'épingles et de paillettes.

Plus loin, c'est un temple shintoïste, nu et pauvre, au toit de grange retroussé à la chinoise et porté sur de lourds piliers de bois. Rien dans le sanctuaire que le miroir de métal et le *gohei* symboliques, mais, à côté, tout autour, et par un contraste bien japonais, des jardins d'azalées, des bouquets de pins, des ruisseaux fluets semés de rocailles, une terrasse dominant la rade.

Du reste, à tous les pas, dans ce Japon, il y a du pittoresque à revendre. Il y a les lambeaux de ses ruelles qui s'écroulent, ses vieux ponts qui s'émiettent, pierre à pierre, ses ruisselets qui poussent leurs eaux jaunes au pied des maisonnettes frêles et cette longue traîne de verdure qui descend, des hauteurs de la ville jusqu'au bord de la mer...

Mais ce pittoresque — pittoresque de paysage et pittoresque de mœurs — il faudra se hâter d'en venir voir les dernières manifestations. Car, hélas! le Japon n'est déjà presque plus le Japon. C'est une fort belle bâtisse gouvernementale, à façade neuve. On trouve dedans toute espèce de choses : de l'électricité, de l'automobilisme, du socialisme, de la mégalomanie — et l'on n'y retrouvera bientôt plus ses vieilles arches qui s'émiettaient, pierre à pierre, parce que cette pierre, les ingénieurs sortis de l'École polytechnique de Tokio l'auront remplacée par du fer. Le Japon s'est pris d'un si grand amour pour notre civilisation occidentale !

*
* *

Cette civilisation qui étend maintenant son uniformité partout, partout ! Avec les progrès de la mécanique, le monde est devenu si petit, si facile à parcourir ! Où il fallait, autrefois, des caravanes, une escorte, des armées, des approvisionnements, il suffit, aujourd'hui, de l'Agence Cook, d'un complet de la Belle Jardinière, d'une bicyclette et d'un revolver pour effrayer les chiens. Il n'est de vraiment inconnu que les deux pôles et l'intérieur de l'Asie, le lieu sacré du divin dalaï-lama. Et encore !... Déjà on a installé un hôtel au Spitzberg, par 80° de latitude nord et l'on parle d'excursions économiques au Thibet. L'aventure est morte.

Bientôt il n'y aura plus de tigres ; et le dernier Pahouin anthropophage converti par un missionnaire fera de la propagande végétarienne. On traversera le Sahara en deux jours. Le lac Tchad deviendra aussi fréquenté que celui de Genève et il en est qui villégiatureront au Klondyke.

Et quand la planète rapetissée, la planète taupinière, dont on achèvera le tour en trois semaines possédera le même outillage d'industrie, la même locomotive, le même bateau à vapeur, le même service postal et télégraphique, le même méridien, mêmes goûts et mêmes besoins ; quand l'humanité « sans haines et sans guerres » sera réellement une, alors. à n'en point douter, « nous atteindrons le bonheur », nous mangerons tous, au moins, à notre appétit, nous travaillerons peu, les machines ayant remplacé les bras... Mais nous nous embêterons. Oh ! oui, nous nous embêterons ! Car nous aurons développé, et sans échappatoire possible, la cruelle insipidité, le monotone « j'ai déjà vu ça » de la vie. Le monde extérieur n'existera plus que sur la même toile et dans le même cadre. Nous serons tous égaux en force, en courage, en beauté et en volonté, puisqu'il n'en faudra plus du tout, puisque nous serons tous un instrument entre les mains du Collectif !

Jusqu'au jour où des révolutionnaires remettront des tigres et des anthropophages dans les forêts et reconnaîtront à chaque individu le droit de vivre et de mourir de faim, à sa guise !...

Gaston Donnet.

LA SAINTE ROUTINE (1)

« Les vrais hommes de progrès sont ceux qui ont un profond respect du passé. » S'il était besoin de discuter de l'assertion de Renan, un simple coup d'œil sur la Chine actuelle nous en fournirait la preuve.

Depuis des siècles, la Chine arrêtée dans son essor intellectuel semble avoir été figée sur place ; elle est un spécimen unique de paléontologie sociale.

Ceci n'empêche pas les Chinois d'avoir de nombreuses qualités auxquelles je suis le premier à rendre justice. Mais je crains que certains auteurs enthousiastes aient trop tôt crié au progrès, parce qu'ils avaient vu en Chine quelques kilomètres de chemins de fer, des canons Krupp, des télégraphes. Si on pénètre un peu la vie chinoise on se convaincra que ces appréciations sont par trop hâtives.

La lecture des traductions de la *Gazette de Pékin* est des plus instructives : elle nous révèle l'âme

(1) *La Revue d'Asie*, 1902.

chinoise dans son culte fétichiste du passé. L'étude
des superstitions nous montre l'intelligence chinoise
enserrée dans une trame étroite faite de la routine, des idées fausses, des croyances au surnaturel,
malheureuse chrysalide repliée sur elle-même, in-
capable de rompre l'enveloppe qui l'étouffe.

*
* *

La superstition est plus développée aujourd'hui
qu'il y a quinze cents ans. Confucius avait essayé
d'en secouer le joug ; il avait réussi en partie. Mais
son enseignement fut vite oublié. Beaucoup de superstitions revêtirent, au début, un caractère reli-
gieux, dont on ne trouve plus traces aujourd'hui :
ce sont des fantaisies brodées sur des croyances
primitives, des bribes de foi, plus fortes que cette
foi elle-même.

Quand on parle de superstition, un mot vient tout
d'abord, le *Fong-Choué*. Il faut avoir vécu quelque
temps en Chine pour se bien pénétrer de sa valeur,
de son importance.

Le *Fong-Choué* est difficile à définir, non seulement à cause de son caractère protéiforme, mais
surtout parce que notre intelligence d'Occidentaux
n'a jamais conçu rien d'identique, pouvant servir
de terme de comparaison. Littéralement, *Fong-
Choué* veut dire *vent et eau*, mais qu'il y a loin du

mot à l'idée ou plutôt aux idées qu'il représente. On pourrait, d'une façon générale, le considérer comme une sorte de *superstition topographique*. Pour les Chinois, un point quelconque de l'Empire du Milieu est un centre de forces, d'influences spirituelles, sur la nature desquelles ils n'ont que des idées vagues, mal définies, peu ou pas comprises, d'autant plus craintes ou respectées. La moindre perturbation apportée aux choses environnantes, par des travaux, des constructions, bien mieux l'intention seule de faire des changements suffisent à modifier en bien ou en mal — en mal le plus souvent, — ces influences spirituelles : c'est, en somme, une sorte de géomancie spéciale à chaque parcelle du sol chinois, variable d'un point à un autre.

Le *Fong-Choué* nous paraît quelque chose de vague, de mystérieux, d'obscur, d'une interprétation difficile. Pour le Chinois, cette fantaisie a des rigueurs de science. Des traités du *Fong-Choué* existent et aussi des *docteurs ès Fong-Choué*, rares élus qui en ont pénétré les arcanes.

Le *Fong-Choué* est capricieux. Pourquoi favorise-t-il l'un et est-il néfaste à l'autre ? Vous bâtissez une maison, peut-être verra-t-il d'un bon œil cette construction, d'où bonheur, fortune. Si, en revanche, vous le contrariez, votre ruine est certaine. Son rôle est surtout capital en matière d'enterrement et de construction.

Un Chinois qui vient de perdre son père est moins obsédé par le chagrin que par la préoccupation de savoir si le défunt aura un bon *Fong-Choué*. Le fils, en l'espèce, s'intéresse moins à son père qu'à lui-même : le moindre mécontentement du *Fong-Choué* du mort serait pour son héritier une source de gros ennuis. Aussi, que de questions à résoudre ; le protocole du *Fong-Choué* est des plus compliqués. Quel jour se fera l'enterrement ? où creusera-t-on la fosse ? quelle orientation lui donnera-t-on ? Tout ceci est réglé par les calculs de l'astrologue ; lui seul a qualité pour fixer l'heure de la mise en bière, déterminer le point d'inhumation, savoir si telle étoile sera au-dessus de la tombe, si les effluves bienfaisants du midi lui arriveront, si elle aura à sa droite et sa gauche les courants terrestres tuté-laires. Et pas un Chinois n'oserait s'affranchir de la consultation du docteur *ès Fong-Choué*, même celui qui paraît le plus sceptique à son sujet.

Entre voisins, en Europe, les affaires de murs mitoyens sont des causes fréquentes de procès : en Chine, elles sont remplacées par les *Fong-Choué* ; celui-ci a droit de cité dans le Code. Si une cheminée est trop haute, si une fenêtre s'ouvre sur la porte de la maison d'en face, le *Fong-Choué* du voisin pourra en pâtir. La justice s'en mêlera. En Chine, les maisons sont basses. Aussi la construction d'une chapelle, d'une cathédrale amène-t-elle souvent des agitations locales. Non seulement les voisins immédiats de l'édifice, mais ceux qui se trouvent dans un certain rayon, se hâtent de venir faire des démarches auprès des missionnaires, pour

obtenir d'eux qu'ils fassent certaines modifications.
Il est généralement facile de leur donner satisfac-

Fig. 1. — Le Dragon, d'après une broderie impériale.

tion. Quand Mgr Favier construisit le *Pé-tang* (1),
le trouble fut grand aux alentours. « A quelle hau-

(1) Cathédrale de Pékin.

teur passent les bons esprits ? demanda l'évêque.
— A 100 pieds. — J'arrêterai ma flèche à 99. » Et
cela suffit à calmer tout le monde.

La création de routes, de canaux, l'installation
de lignes télégraphiques sont des causes de perturbation du *Fong-Choué*. Les ingénieurs des chemins
de fer s'en devraient pénétrer. Un peu de tact et de
l'argent ont toujours raison du plus récalcitrant
Fong-Choué. Cette superstition du *Fong-Choué* est
extrêmement tenace ; c'est la dernière qui résiste
au christianisme ; et encore est-on bien sûr que les
convertis aient totalement renoncé à cette
croyance ?

*
* *

En matière de superstition, le *Dragon* est un
concurrent sérieux du *Fong-Choué*. Celui-ci est une
superstition topographique dont le rôle est surtout
capital en matière d'enterrement, de construction ;
celui-là est une superstition en rapport plutôt avec
les phénomènes cosmiques, éclipses, tremblements
de terre, inondations, sécheresses.

Le *Dragon* est un des plus purs produits de la
fantaisie chinoise. Tel que nous le voyons sur les
gravures, c'est un animal fabuleux tenant du cro-
codile et du boa constrictor. Il est privé d'ailes, ce
qui ne l'empêche pas de s'élever dans les airs et de
s'y métarmophoser à l'infini. Il ne paraît jamais en

entier aux yeux des mortels assez heureux pour l'apercevoir : sa tête, sa queue ou une partie de son corps sont toujours cachés dans les nuages. Tous les Chinois sont sincèrement convaincus de son existence et beaucoup prétendent l'avoir vu.

Les tremblements de terre résultent de mouvements intempestifs du *Dragon*, qui veut ainsi traduire son mécontentement. Dans les éclipses de lune ou de soleil, l'astre est avalé par un *Dragon* monstrueux. Ce sont là des événements d'une rare gravité, et par tous les moyens, pétards, fusées, coups de canon, on essaie de faire lâcher à l'animal sa proie. Une année qui débute par une éclipse — ce fut le cas pour 1898 — se présente sous de très fâcheux auspices.

Les débordements de rivières sont imputés à un mauvais *Dragon*. Un des plus vieux livres chinois, le *Calendrier des Hia*, recommande aux mandarins, en cas d'inondations, de se mettre, avec leurs administrés ,en quête du *Dragon*, dans la campagne. Ces chasses sont toujours heureuses : on rapporte tantôt un petit chien, tantôt un lézard, tantôt un serpent, en qui la fertile imagination chinoise se complaît à reconnaître le *Dragon*. Quelquefois, le *Dragon* est aussitôt mis à mort. Plus souvent on a recours à la flatterie, à la prière. On le transporte solennellement, on organise des processions en son honneur, les mandarins lui font de respectueux *Kôto*.

Pour toucher le *Dragon* de la pluie, les mandarins prescrivent une abstinence rigoureuse ou interdisent seulement la viande ; on fait des collectes, des estrades se dressent sur lesquelles on joue des comédies en faveur du *Dragon* ; on fait des processions dans lesquelles on promène un immense dragon en papier. Si, malgré tant de sacrifices, la pluie ne tombe pas, les supplications se changent en cris de colère et le *Dragon* est mis en pièces.

Il y a à Pékin un temple où est vénéré le *Dragon* de la pluie. L'empereur s'y rend dans les grandes sécheresses. Si malgré ses prières l'eau ne tombe pas, le souverain délègue un haut fonctionnaire pour aller chercher dans un temple, à quelques centaines de kilomètres à l'ouest de la capitale, un morceau de fer tombé du ciel il y a plusieurs siècles dans un puits. Les prosternations de l'empereur devant ce fragment de météorite ne pourront que bien disposer le *Dragon*. En 1899, la sécheresse fut extrême. Le général Jong-Lou fut désigné par l'empereur pour aller chercher le fameux talisman et le Tsong-li-Yamen demanda à l'ingénieur en chef du chemin de fer français de chauffer un train spécial pour porter, en hâte, Jong-Lou et son escorte à Pao-Ting.

Comme les inondations et les éclipses, la foudre elle-même est expliquée par le *Dragon*. C'est par l'éclair que souvent la bête fabuleuse témoigne aux mortels son mécontentement. Il y a quelques années, un typhon et la foudre firent des ravages à Canton. La population expliqua le phénomène en

Fig. 2. — « Para-Fong-Choué ».

disant que les Européens avaient tiré des coups de canon sur le *Dragon* au moment où il planait sur la Concession.

Le *Dragon* est partout : sous terre, dans les airs, dans l'eau. Son lieu de prédilection serait le confluent des rivières. Ce sont les sinuosités du corps du dragon qui produisent les ondulations du terrain dans les plaines, les dentelures des montagnes. Certaines cartes géographiques indiquent même les points où se trouvent les dragons et signalent ainsi les endroits où il ne faut pas creuser la terre, si on ne veut déchaîner toutes sortes de calamités.

Cette croyance aveugle — qui est une crainte — peut être avantageusement exploitée par les xénophobes, pour s'opposer à toute intervention industrielle européenne : mines, chemins de fer. Ils n'ont qu'un mot à dire : « On va toucher au dragon ! » et aussitôt, l'entreprise sera vue d'un mauvais œil.

*\
* *

La disette, la famine, la sécheresse, les épidémies donnent libre carrière aux pratiques superstitieuses les plus étranges dont beaucoup revêtent le caractère de la prière. Elles sont le résultat de croyance à des démons, à des génies qui aident les hommes, mais surtout les contrecarrent dans leurs desseins, et les suppliques tendent moins à demander le bienfait qu'à conjurer le mauvais sort.

Les démons, les génies qui sont à la base de la grande majorité des superstitions, ne représentent à l'esprit chinois rien de bien caractérisé : ils sont bons ou mauvais, voilà tout. Les Célestes n'ont pas essayé d'en faire des individualités vivantes, en quelque sorte, comme celles de la mythologie grecque, par exemple. Le vague, l'approximatif donnent une satisfaction suffisante à l'intelligence chinoise et surtout lui inspirent, sinon le respect, au moins la crainte.

Il y a des superstitions en rapport avec tous les actes de la vie : la naissance, le mariage, la mort, le manger, le boire, le sommeil. Ils y a des jours de bons et de mauvais augures ; ils sont d'ailleurs mentionnés dans le calendrier impérial. Les jours jaunes sont heureux, les noirs malheureux. Un commerçant n'ouvrira pas sa boutique sans s'être au préalable assuré d'un jour favorable.

Le mariage donne lieu à des calculs astronomiques très compliqués. Ceux-ci ont pour base les *pa-t'zeul*, c'est-à-dire les huit caractères indiquant l'année, le mois, le jour et l'heure de la naissance des futurs époux. Le docteur en *Fong-Choué* tâche de découvrir s'il y a « harmonie » entre eux et par conséquent possibilité d'union. Puis, toujours par l'examen des *pa-t'zeul*, il fixera le jour où on devra tailler la robe de la mariée, confectionner les oreillers matrimoniaux, achever les derniers préparatifs du lit nuptial. Toutes ces considérations astrologiques sont rédigées sous forme d'ordon-

nance et ont pour effet de conjurer le mauvais sort.
En voici un spécimen : « Sachant par la tradition
que le mariage ne peut être heureux, accompagné
de richesses et de longévité que s'il a été conclu
d'après les règles de la divination, nous avons mis
le soin le plus extrême à examiner le *Yn* et le *Yang*,
les jours heureux et malheureux, les lois de l'orientation : d'après nos calculs, ce mariage doit être
conclu le 9 de la 6ᵉ lune. La fiancée devra être
transportée au logis de son mari entre 5 et 7 ou 9 et
11 heures du matin. Parmi les femmes du cortège
il ne devra y en avoir aucune de l'année du serpent,
du coq ou du bœuf. Pour lui épiler le visage, il
faudra choisir des matrones dont le destin soit de
métal. Pour monter en palanquin, pour vénérer
le ciel et la terre, la mariée devra toujours être
tournée vers le N.-O. afin de recevoir avec révé-
rence l'influence du génie de la félicité. Le lendemain, son lever, sa toilette, la présentation à la
famille se feront entre 1 et 3 heures du matin.
Elle devra, pendant sa toilette, faire face à l'ouest
afin de recevoir les effluves du génie des honneurs.
Que si le cortège rencontre en chemin un puits
ancien, une pagode, une ruine, il faudra en cacher
la vue à la mariée avec un feutre rouge. Aucune
veuve, aucune femme enceinte, aucune personne
en deuil, aucun enfant à la mamelle ne devra approcher la mariée ce jour-là. Si toutes ces précautions
sont prises, elle vivra heureuse durant une vie longue et paisible. »

Les superstitions en relation avec la mort abondent. On ne laisse pas un Chinois s'éteindre sur un lit et dans sa chambre. On le place hors de la pièce, sur une planche. S'il mourait sur un lit dans sa chambre, celle-ci serait dangereuse pour les survivants

Fig. 3. —! « Cette pierre a le pouvoir de résister ! »

et le défunt, dans l'autre monde, devrait, l'éternité durant, transporter sur ses épaules le lit de briques chinois.

Dans la nuit qui suit la mort, les parents vont appeler l'âme du défunt. Ils agitent une lanterne et, sur un ton plaintif, prononcent le nom du décédé : ils espèrent de la sorte faire revenir l'âme, errante et égarée, autour de la maison.

Le lendemain on va au ruisseau voisin chercher de l'eau pour laver la figure du défunt. On jette quelques sapèques à l'eau et aussi, parfois, un poisson qui doit aller prévenir le dieu du ruisseau que l'eau a été payée.

Nous parlerons plus loin des momeries du *Fong-Choué* à propos de l'enterrement.

Les Chinois croient que les esprits des morts enterrés sans cercueil deviennent des esprits malfaisants capables de contrecarrer le succès de leurs entreprises. De là la *Société du Cercueil*, destinée à fournir aux pauvres diables un dernier vêtement, moins par charité que par crainte superstitieuse.

La vie quotidienne du Céleste est tissée de superstitions, à propos de tout et de rien, croyances assez identiques à celles que nous trouvons encore, solidement ancrées, dans beaucoup de nos campagnes.

Ce nombre prodigieux de superstitions dont je n'ai fait qu'indiquer les plus intéressantes a comme résultat, non seulement de paralyser les affaires de l'Etat, mais de mettre des entraves à l'initiative individuelle. Il plonge la Chine dans un singulier mélange de fatalisme, de fanatisme et de lâcheté et s'oppose grandement à tout perfectionnement de l'organisation sociale. Il faut avoir le flegme d'un Chinois pour ne pas devenir fou au milieu d'un pareil fouillis d'idées superstitieuses.

Le Chinois a une sainte terreur du mauvais sort ; mais il a d'un autre côté, confiance dans les nombreux procédés préconisés pour le conjurer. On n'a qu'à circuler un peu par la campagne ou par les rues, pour voir à chaque instant quelque monument ou quelque objet destiné à protéger contre le mauvais *Fong-Choué*. Certaines pagodes sveltes et élégantes ne sont que des « para-Fong-Choué » garantissant toute une région de quelque esprit malfaisant. Au-dessus des portes, on cloue parfois un petit miroir rond, ou une planchette de bois sur laquelle sont représentés les *Pa-Koua* et le *Yn* et le *Yang* : les mauvais génies passent à distance. Une rue débouchant directement sur la porte d'entrée d'une maison sert de voie à toutes sortes de funestes effluves. Il y a un moyen de les arrêter : on plante au bout de la rue une petite pierre surmontée d'un dragon, ou à côté de la porte on dresse une pierre sur laquelle est gravée cette inscription : « Cette pierre du mont Taé a le pouvoir de résister ! » Les gravures collées sur les portes, le mur en briques élevé en face de la porte d'entrée de beaucoup d'habitations n'ont d'autre but que de s'opposer à l'entrée des génies malfaisants. Et le Chinois, même le plus européanisé, a une absolue confiance en leur efficacité.

Les fétiches, les charmes, les gris-gris de toutes sortes abondent. Un excellent porte-bonheur est une chaîne d'argent portée au cou et achetée avec des sapèques provenant d'au moins cent familles différentes.

Dans beaucoup de maisons on voit des pièces de

monnaie de différentes dynasties montées ensemble au moyen d'un fil rouge et représentant la forme d'un sabre : avec un pareil talisman, le bonheur coule à flots.

Heureux celui qui peut suspendre à la porte de sa chambre un couteau ayant servi à un assassin : pas un mauvais esprit n'osera l'approcher.

Des feuilles d'iris ou d'armoise placées au-dessus du lit, une branche de pêcher en fleurs fixée au linteau de la porte suffisent pour écarter le malheur.

Sur eux-mêmes, les Chinois portent, accrochés à un bouton de leur blouse, une petite courge, un petit morceau de jade ou d'ivoire sur lesquels sont gravés certaines inscriptions heureuses : « Puissiez-vous avoir une calme longévité ! — Puissiez-vous connaître les trois bonheurs ! » Des dessins représentant une chauve-souris, un cerf, une pêche, une grue, sont autant de gages de félicité et de longue vie. De petits couteaux en argent, spéciaux pour les maléfices, sont suspendus au cou des enfants. Les clous ayant servi à clouer un cercueil sont fixés dans la natte ou montés dans un bracelet que l'enfant portera jusqu'à dix ans. Beaucoup de charmes sont cousus dans la doublure des habits. Plus souvent, on les fait brûler et leurs cendres sont avalées avec du thé. Certains de ces charmes portant des inscriptions spéciales et ornés de têtes de chien, sont très en faveur chez les demi-mondaines désireuses de s'attirer, sinon l'affection, au

mois la clientèle de quelque riche protecteur. Le
papier est réduit en cendres et la courtisane tâche
de les faire absorber par le Chinois convoité,
convaincue que celui-ci, avec la fidélité du toutou

Fig. 4. — Les « Pa-Koua » et le « Yn » et le « Yang ».

dont l'image est brûlée, ne pourra manquer de venir
lui offrir son cœur et sa bourse.

*
* *

Ce rapide exposé nous montre que la superstition fleurit dans l'Empire du Milieu. Certes, nos nations occidentales n'en sont pas exemptes et nombre

de nos campagnards rendraient des points aux Chinois. Mais la majorité de la nation semble avoir su, chez nous, s'affranchir à peu près totalement de cette tyrannie dont tout Céleste est victime, sans s'en rendre compte pour ainsi dire. L'intelligence chinoise ne pense plus. Les générations d'il y a des centaines de siècles ont pensé pour elle et cela lui suffit : elle admet la tradition sans la discuter : « Le Chinois, dit avec raison mon ami M. Marcel Monnier dans la remarquable préface qu'il a écrite pour mon livre : *Superstition, Crime et Misère en Chine*, est avant tout un être de tradition, beaucoup moins préoccupé de l'avenir que soucieux de suivre de point en point les enseignements du passé..... Quelle initiative féconde peut-on espérer de la part d'esprits si complètement obnubilés par des croyances à peine définies auprès desquelles les plus absurdes contes de nourrice paraîtraient conception de haute philosophie. La Chine, comme vous le dites fort bien, est le paradis de la routine précisément parce qu'elle est aussi le paradis de la superstition. Superstitieux, le Chinois l'est à tel point que nous ne saurions nous faire une idée exacte de toutes les entraves apportées aux moindres actes de son existence par la géomancie, la nécromancie, la sorcellerie, le mauvais œil et autres balivernes. Chacun, en Chine, du petit au grand, est plus ou moins prisonnier du jeteur de sort, du diseur de bonne aventure. Les gens de haute classe se donneront parfois, vis-à-

vis des étrangers, l'apparence d'esprits forts, affec-
feront de sourire en parlant de ces balivernes,

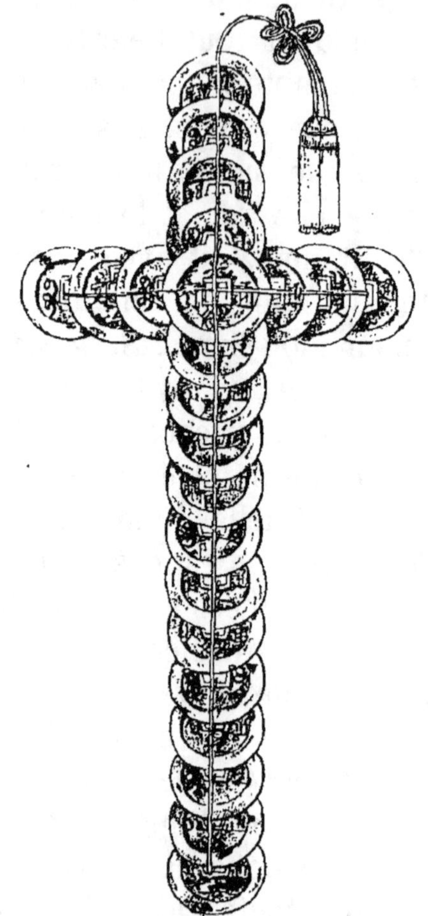

Fig. 5. — Sabre porte-bonheur fait avec des monnaies
des différentes dynasties.

mais n'en subiront pas moins l'influence dans tous
leurs faits ou gestes. Partout et toujours, ils éprou-
veront cette sorte d'angoisse, la crainte d'agir à

une heure néfaste, dans un lieu peu propice, en malchanceuse compagnie. Tel s'achemine à un rendez-vous d'affaires et brusquement rentre chez lui sous l'empire de je ne sais quel fâcheux présage ou d'un simple pressentiment, quitte à s'excuser du mieux qu'il le peut, le plus souvent très mal, par un mensonge puéril. C'est ainsi que les étrangers accusent parfois les Célestes de ne pas savoir le prix du temps, de manquer de parole. Ce en quoi ils ont tort, parce qu'ils attribuent à la négligence et au sans-gêne ce qui, en fait, résulte le plus souvent d'un cas de force majeure.... L'homme ne demanderait peut-être pas mieux que de tenir son engagement. Peut-être il est l'exactitude même. Mais il n'est pas libre. Il se débat dans l'inextricable réseau de ses superstitions, comme une pauvre mouche dans une toile d'araignée... Les Chinois sont un peuple victime, opprimé par la tradition, imobilisé par le culte fétichiste du passé, des « loys reçues » et pour lequel semble avoir été écrit le mot de Montaigne : « C'est, à la vérité, une violente et traîtresse maîtresse d'eschole que la coutume. »

LA FEMME CHINOISE (1)

SITUATION MORALE ET CONDITION SOCIALE

Peut-on juger du degré de civilisation d'un peuple d'après l'importance du rôle joué par la femme dans la société ? La condition morale de la femme est un élément de très haute valeur, sans doute, mais peut-être insuffisant, à lui tout seul, pour apprécier le niveau du développement social. Et parce que dans certains pays, la femme occupe une place des plus effacées, il ne faut pas se hâter de conclure de cette constatation à un état de civilisation rudimentaire ou très primitif.

Ce qui se passe de nos jours, encore, en Chine, donne un démenti formel à pareille opinion mais

____

(1) Leçon faite à l'Institut de médecine coloniale de l'Université de Bordeaux.

nous permet d'estimer que cette civilisation, très remarquable par certains côtés, est tout à fait insuffisante et arriérée à d'autres points de vue.

Dans nos sociétés chrétiennes, la femme, bien que légalement considérée comme une mineure, est pourtant à peu près mise, moralement au moins, sur un pied d'égalité avec l'homme. Les apôtres du féminisme désirent l'arracher à cet état d' « humiliante tutelle » pour faire d'elle l'égale absolue de l'homme.

Hélas ! que de lances auraient à rompre et de combats à livrer les courageuses et généreuses protagonistes de l'émancipation, si vous, femmes d'Europe, étiez victimes de lois et de mœurs analogues à celles qui oppriment vos sœurs du Céleste-Empire !

Le rôle moral de la femme en Chine est nul ou tellement infime qu'il n'en faut point parler. La femme ne compte pas encore dans la société ; elle y vit, mais n'existe pas pour ainsi dire. Elle n'est guère pour le Chinois qu'un instrument de plaisir, une machine à faire des enfants ou une bête de somme, rôle intéressant, sans doute, mais précaire au fond, pourtant accepté par elle sans se plaindre — ouvertement au moins —. Car la femme chinoise ne dispose pas encore de la presse et si des sociétés féministes se sont déjà fondées dans l'Empire du Milieu, elles n'ont pas, jusqu'ici, leurs organes de revendication. D'ailleurs, il y a tout lieu de supposer que ces revendications resteront longtemps sans autorité et que les Chinois sauront se retrancher derrière ce précepte du sage Confucius : « Il faut écouter sa femme et ne pas la croire ! »

*
* *

Pour bien faire comprendre ce qu'est la femme dans la société chinoise, je vais la montrer aux différentes phases de sa vie : 1° jeune fille; 2° épouse et mère ; 3° veuve ; 4° belle-mère.

Pour la Chinoise, de ces quatre périodes, une seule, la dernière, est désirable. La belle-mère est quelque chose, elle compte beaucoup — elle compte trop hélas ! — dans la famille. Son autorité y est indiscutable et rarement discutée. Elle peut opprimer et faire souffrir ses filles, ses fils et ses brus ! Mais avant d'en arriver à ce bienheureux état de belle-mère, par quelles dures et cruelles étapes d'humiliation, de chagrin, de peines physiques et morales, la Chinoise a dû lentement cheminer. Nous allons suivre une des représentantes du beau sexe de la Terre-Fleurie à travers les diverses stations de cette vallée de larmes qu'est trop souvent l'existence d'une Céleste.

La naissance d'une fille est, en général, vue sans le moindre enthousiasme dans une famille chinoise. « Quand un fils est né, dit une célèbre femme poète, Pan-Hoé-Pan, il dort sur un lit ; il est vêtu de rubans ; il joue avec des perles. Chacun obéit à ses cris de prince. Mais quand une fille est née, elle dort sur la terre, recouverte d'un simple drap ; elle joue avec une tuile. » Avant que de naître, la pauvre petite est entachée de lourds péchés et notre prénom de *Désirée* serait certainement le dernier que les parents auraient l'idée de donner à la malheureuse enfant.

Je dis malheureuse, bien entendu, il y a des exceptions à cette règle et dans nombre de familles les fillettes sont aussi bien traitées que chez nous, car en général la vie ne s'ouvre pas devant elle sous un bien riant aspect. Pourquoi l'enfant qui vient de naître est-elle si mal accueillie ? La raison doit en être recherchée dans ce fait que le Chinois est avant tout un être pratique. Il a l'âme essentiellement mercantile. Cette petite fille va coûter cher à élever, de plus elle ne sera pour sa famille d'aucun revenu. Selon l'expression même des Célestes « une fille est une marchandise dont on se débarrasse toujours avec perte ». C'est d'ailleurs parce que les

enfants du sexe féminin sont considérés comme
de lourdes charges pour eux que les parents n'hésitent pas à s'en défaire le jour où ils deviennent
gênants.   L'infanticide assez fréquent en Chine,
comme on le sait, mais beaucoup moins fréquent
qu'on ne le croit (1), ne porte guère que sur les
filles. Les garçons représentent une valeur physique
et surtout morale. Outre qu'ils perpétuent le nom
de la famille, ils sont considérés comme indispensables pour assurer le bonheur et la tranquillité
future de leurs ascendants, quand ils seront passés
de ce monde dans celui des esprits. On connaît, de
nom au moins, ce fameux culte des ancêtres, qui
est au fond la seule religion commune à tous les
Chinois. Ce culte consistant en offrandes, génuflexions, prières destinées à assurer le bien-être
des âmes des parents défunts, ne peut être pratiqué
que par des hommes. Les femmes n'y sont pas
admises (2). Une fille naissant dans une maison où
il n'y a pas de garçons ne fait qu'exacerber les
regrets des parents et augmenter leur crainte de
ne peut-être jamais avoir de fils. Car tout Chinois
est hanté par l'idée obsédante d'avoir au moins un

(1) Je tiens à rassurer ici les cœurs sensibles au sujet du
malheureux sort « des petits Chinois mangés par les cochons ».
Certains voyageurs auraient vu de nombreux exemples dans
les rues de Pékin. Moins fortuné qu'eux, après quatre ans et
demi passés dans la capitale à circuler sans cesse par les rues,
je n'en ai jamais constaté un seul.

(2) Sauf dans des cas tout à fait exceptionnels.

garçon. Celui-ci né, l'avenir du père est dès lors assuré. Il pourra quitter la vie, certain que son héritier s'occupera de son âme, et que celle-ci, faute de soins, n'ira pas grossir cette légion d'esprits mendiants et malheureux qui errent misérablement autour des vivants, agglomération d'âmes d'infortunés Chinois morts sans descendance, de soldats tués en guerre, de marins disparus dans les naufrages.

La fille entre donc dans la vie sous de fâcheux auspices. Dès l'âge de trois à quatre ans, les tortures physiques vont commencer pour elle. Plus tard, viendront les souffrances morales et celles-ci seront pires. Ces tortures sont imposées à l'enfant par la mode et la coquetterie, qui veulent que toute Chinoise — ou à peu près — ait les pieds déformés, ces affreux moignons en forme de sabots de chèvre, qui rendent la marche aussi pénible que disgracieuse. La femme doit marcher le haut du corps penché en avant, le bassin rejeté en arrière, les bras écartés lui servant de balancier. Par son attitude, elle semble poursuivre son centre de gravité qui fuit devant elle.

Le pied de l'enfant est arrêté dans son développement par une série de manœuvres qui consistent d'abord à fléchir énergiquement le pied sur lui-même, au point de le casser, puis à ramener peu à peu les quatre derniers orteils sous la plante, si bien que l'opération terminée, tout le poids du corps reposera sur les talons. Ces manœuvres sont cruelles et brutales ; nuit et jour le pied reste comprimé : chaque matin, les tours de bande sont serrés plus énergiquement que la veille et l'enfant, martyr de la mode, doit s'estimer très heureuse d'arriver, après deux ou trois ans, au terme de ces manœuvres orthopédiques, sans avoir vu survenir quelque gangrène détruisant en totalité le pied, une partie de la jambe et entraînant parfois la mort.

Un proverbe chinois dit « Chaque pied déformé coûte une barrique de larmes ! » Cette métaphore traduit assez les souffrances imposées à la malheureuse enfant. Aussi la petite fille dont on « prépare » le pied est-elle, en général, triste ; ses traits sont souvent tirés ; sa figure pâlotte respire l'ennui. Elle est une malade, physiquement et moralement. On ne la voit guère vive, espiègle, rieuse, aimant à courir, à s'amuser, comme le font nos enfants d'Europe, à son âge. Quand elle sort, après quelques centaines de mètres de marche, ses membres mutilés refusent de la porter plus longtemps, et l'un des siens qui l'accompagne, doit la mettre sur ses épaules et la transporter comme un blessé.

D'une façon générale, une fille compte pour très peu dans la famille. Elle ne compte même pour rien du tout aux yeux de certains parents. Voici, d'ailleurs, une réponse fréquente et bien caractéristique à cet égard. Vous demandez à un père qui a trois garçons et deux filles, par exemple : « Combien avez-vous d'enfants ? — J'ai trois fils. — Mais vous avez aussi deux filles ? — Oh ! de celles-là, on n'en parle pas ! » La fille fait à ce point peu partie de la famille que, en cas de décès, elle n'est même pas enterrée dans le même cimetière que ses parents.

Petite fille, elle reste avec les enfants de son sexe. Elle ne sort ni ne joue avec les garçons de son âge, voisins, cousins ou frères ; de très bonne heure, la rigide séparation des sexes commence à être établie. La fille vivra dans le gynécée, avec sa mère, ses tantes, sa grand'mère, sera instruite chez elle, car il n'y a pas d'écoles publiques féminines.

Les parents ont deux principales préoccupations au sujet de leur fille : la tenir sous une étroite surveillance, par crainte d'incartades de sa part qui pourraient porter ombrage à leur respectabilité, mais surtout lui trouver un mari. Dans nos contrées d'Europe, malheureusement encore, la jeune fille n'est pas toujours suffisamment consultée en matière matrimoniale. Si, par exception, elle doit s'incliner devant le choix de ses parents, presque toujours elle subit de leur part une suggestion continue qui, à défaut du cœur, trop souvent lui force la main. En Chine, tout cela est bien pire, car dans le mariage, l'opinion des intéressés immédiats, garcon et fille, n'est même pas pressentie. Elle n'aurait d'ailleurs qu'une importance négative, les enfants étant fiancés dès l'âge le plus tendre.

Tout se passe entre parents, entremetteurs et astrologues, car le rôle de ces derniers est capital ; de leur consultation peuvent dépendre l'avenir et le bonheur des futurs époux. Quand l'entremetteuse a jeté son dévolu sur une jeune fille, son premier soin est de demander aux parents de celle-ci de lui remettre ses *Pa-t'zeul*, c'est-à-dire les *Huit Caractères* (d'écriture chinoise) indiquant l'année, le mois, le jour et l'heure de sa naissance, pour qu'ils soient soumis à l'examen de l'astrologue en même temps que ceux du futur. « Les *Pa-t'zeul* sont d'abord considérés dans leurs rapports avec les cinq éléments : métal, bois, eau, feu, terre, et on arrive ainsi, en se servant de traités spéciaux, à reconnaître la nature des destinées du jeune homme et de la jeune fille : destin de bois, d'eau, de feu, de terre et partant, s'il est bon ou mauvais. De ces éléments, en effet, les uns sont, par rapport aux autres, générateurs ou destructeurs. Une première condition est que les deux futurs soient « d'éléments harmoniques ».

« Les années chinoises sont groupées par cycles de douze ans et chacune d'elles est désignée par le nom d'un animal : coq, lièvre, tigre, singe, porc, serpent, dragon, chien, bœuf, mouton, rat, cheval. Certains de ces animaux ont de l'affinité les uns pour les autres, et il est indispensable que les années de naissance des futurs conjoints soient d' « animaux harmoniques.

« Ces examens des *Pa-t'zeul* sont, en somme, les pourpalers de mariage et quand, après de longues supputations, l'astrologue conclut à la possibilité de l'union, les parents se considèrent comme engagés.

« Les intéressés sont fiancés sans se connaître, souvent sans qu'ils s'en doutent et, hors les cas d'infirmité ou de lèpre, rien ne peut s'opposer à ce que le mariage s'accomplisse (1). »

Les époux ne se verront que le jour de leur mariage : la jeune femme est portée en palanquin rouge dans la maison de ses beaux-parents. Elle 'est enveloppée dans un long voile rouge — le rouge est le signe du bonheur en Chine — que son mari ouvre devant la famille assemblée. C'est là en principe la première entrevue, qui pourra parfois être pour les intéressés riche en déceptions et en désillusions cruelles. Quels pourront bien être les sentiments respectifs de deux êtres qui, il y a deux minutes, pouvaient ne pas soupçonner leur existence réciproque et qui, maintenant, vont devoir confondre leur vie ? L'amour ? Peut-être ! Le coup de foudre est sans doute possible au Céleste-Empire tout comme dans nos contrées occidentales. Mais il y a tout lieu de supposer que l'indifférence dominera, entraînant vite le dégoût et peut-être, hélas ! les mauvais traitements.

Donc, notre jeune Chinoise est mariée et conduite chez ses beaux-parents, où habituellement, elle va résider. Cette nouvelle condition va-t-elle lui réser-

______

(1) On trouvera plus de détails dans mon livre : *Superstition, Crime et Misère en Chine,* Storck, Lyon et Paris (4ᵉ édition, 1902).

ver une existence plus agréable ? (1). Le cas est assez rare et la situation de jeune bru est des moins enviables, paraît-il. D'abord, tant qu'elle n'aura pas d'enfants — et de garçon encore ! — elle sera considérée dans son entourage comme une jeune fille et qualifiée d'un vocable identique à celui de « mademoiselle ». — Elle sera, sans cesse, exposée aux plus dures humiliations, aux plus cruelles blessures d'amour-propre. Si, par hasard, elle reste sans enfants, sa stérilité lui sera amèrement reprochée, par sa belle-mère d'abord, par son mari, par ses parents ensuite. Son mari prendra une concubine dans l'espoir d'obtenir d'elle un fils. Cette concubine, cette « petite femme » est en principe considérée comme l'inférieure de la femme légitime. Le jour où elle entre dans sa nouvelle famille, elle devrait se mettre à quatre pattes pour passer, en signe de soumission, entre les jambes de la première femme, qui, pour établir son autorité, lui donnerait quelques coups de fouet sur les reins.

Le code chinois a même garanti la suprématie de la femme légitime dans le ménage. « Quiconque fera descendre sa première femme à la condition d'inférieure subira la peine de cent coups de bambou. »

---

(1) En principe, les rapports entre l'homme et la femme doivent être excellents. Le jour du mariage, le père donne à son fils ce beau conseil, qui n'est, hélas ! pas toujours suivi : « Sois plein de respect pour ta femme, car elle doit avoir, avec toi, soin de nos ancêtres. »

Malgré le code, on voit la concubine arriver à prendre une situation prépondérante et faire subir à la femme légitime une pénible et humiliante servitude.

Cependant, en général, la concubine n'est pas trop mal vue. La femme légitime ne peut au fond que tirer profit de sa présence. Si la concubine a un fils, celui-ci est considéré comme l'enfant de la première femme, qu'il appelle *mama*, désignant sa véritable mère du nom de *Kou-Naïnaï*, c'est-à-dire *tante* et cette *maternité in partibus* donne à la femme légitime toutes les prérogatives et tous les avantages d'une maternité véritable. C'est, du reste, quelquefois l'épouse stérile qui choisit elle-même une concubine pour son mari.

La famille chinoise ne se fragmente guère. Les filles seules quittent la maison paternelle au moment du mariage, mais les fils restent et habitent sous le même toit, avec leur femme : quinze à vingt personnes, deux et trois générations peuvent, de la sorte, se trouver réunies dans la même habitation. Les brus sont soumises à l'autorité de la belle-mère. Il y a une hiérarchie entre elles, résultant de l'âge des maris ; la femme de l'aîné a le pas sur celle du cadet ; de là des sources permanentes de contestations, de tiraillements pour tout et pour rien, de vexations fréquentes pour des questions futiles. Cette difficulté de la vie intérieure provenant de la présence d'un grand nombre de femmes dans la même maison est aimablement raillée par des calembours, résultant du groupement de plusieurs « caractères » *Fou* signifiant « femme ». Deux caractères « Fou » veulent dire « querelle » ; trois équivalent à notre mot « intrigue »; plusieurs caractères groupés se traduisent par « suspicion, mésintelligence, haine ».

Le mariage réserve aux jeunes Chinoises souvent plus d'épines que de roses. Aussi celui-ci n'est-il pas toujours vu d'un très bon œil. Ce désir de « se marier quand même et avec n'importe qui ou quoi » que nous voyons parfois dans nos contrées est inconnu en Chine et la jeune fille appréhende un peu de quitter sa famille. Dans un ouvrage très documenté (1), Dyer-Ball avance même ce fait : « En quelques districts, les jeunes filles craignent à ce point le mariage qu'elles se liguent pour y résister et essaient de protester contre lui en se prenant en groupe par la main et en se jetant dans les puits. »

La Chinoise qu'on pourrait croire indifférente, apathique, est très émotive. Elle est surtout très « impulsive ». Elle se monte, s'emballe, déraisonne avec une effrayante facilité et en arrive aux pires excès. Le suicide est la manifestation la plus fréquente de ces emportements, de ces crises de colère, que les Chinois appellent une « ventrée de *Tsi* », c'est-à-dire un mouvement d'humeur. Pour un rien, une contrariété légère, un caprice, une observation un peu rudement faite, la femme se jette dans un puits ou avale de l'opium.

(1) DYER-BALL : *Things Chinese.*

Dans la maison paternelle où toute la famille
habite, hommes et femmes ne prennent pas leurs
repas ensemble. Il y a deux tables, dans des appartements différents. Les Chinois sont tellement péné-
trés de cette idée que les hommes et les femmes doivent se tenir chacun de leur côté, que nos habitudes
européennes de vie en commun les choquent beaucoup. Au fond, les Célestes invités aux réceptions
diplomatiques ne peuvent s'empêcher de juger très
sévèrement les dames qu'ils y voient se montrer
en robe basse, parler et rire avec les hommes. Quant
à celles qui passent devant eux, emportées aux sons
de la musique, dans les bras d'un danseur, ils doivent les considérer comme les dernières des gour-
gandines.

Cette séparation des sexes est surtout très marquée dans la classe riche. Chez les gens du peuple,
obligés de gagner péniblement leur vie, on y regarde
de moins près. « Du principe de la séparation des
sexes résultent, à l'égard de l'administration, certains privilèges : les employés de l'octroi de Pékin
ne fouillent pas les femmes et les distillateurs
d'eau-de-vie de sorgho en profitent pour faire entrer
et vendre leurs marchandises sans payer les droits.
Les nourrices des orphelinats sont placées sous la
surveillance, non des directeurs, mais des femmes
de ceux-ci, investies pour la circonstance d'un man-
dat officiel. Les constatations sur les cadavres de
femmes ou les blessées sont faites par des femmes
qui sont attachées au tribunal et reçoivent, avec des

appointements assez minces, des gratifications importantes des parties intéressées. Le code ne permet d'emprisonner les femmes que pour les crimes les plus graves : elles sont alors remises à une geôlière, hors de la prison commune. Celles qui sont condamnées à la bastonnade la reçoivent sur une robe simple et non sur la peau (1). »

Dans les familles aisées, les femmes occupent un pavillon à part, dans lequel elles travaillent, mangent, reçoivent des visites. Un Chinois venant voir, chez lui, un de ses amis ne demande jamais à être présenté à sa femme. Ce serait de la dernière impolitesse. Il est même correct de ne pas s'informer auprès du mari de l'état de santé de sa femme et notre quotidienne question : « Madame X... est bien ? » n'est guère de mise en Chine. Si par hasard elle est posée, le mari répond : « Ma vieille, laide, sale et puante chienne se porte bien ! »

Une femme ne dit jamais « mon mari », mais « Lui » ou « le maître » et elle se garderait bien, dans la conversation, de le désigner par son prénom.

Le mari est en effet le maître. Le code est fait pour lui ou tout au moins s'interprète en sa faveur. Sa femme est sa propriété, sa chose qu'il peut vendre. En 1895, la misère était grande à Pékin et pas bien loin de l'Evêché, dans le nord de la ville, j'ai vu un marché où femmes et filles étaient vendues, le chef de famille ne pouvant plus les nourrir.

(1) Courant : *En Chine.*

La femme n'a aucune protection contre l'égoïsme et les passions de l'homme ; l'autorité maritale est tellement absolue qu'elle absorbe en elle tous les droits de l'épouse. C'est surtout en matière de divorce et de répudiation que la chose est manifeste.

Lorsque deux époux ne se conviennent plus, ils peuvent d'un commun accord s'en aller chacun de son côté et rompre leur union. Le *divorce par consentement mutuel*, qu'on veut introduire dans nos lois sous le prétexte de faire progresser la liberté, existe déjà en Chine, en théorie, tout au moins. L'accord doit être réciproque. Malheur à la femme qui, n'aimant plus son époux, se croirait autorisée à s'en séparer sans le consentement exprès de celui-ci; elle serait, dans ce cas, punie de cent coups de bambou par la main du bourreau, après quoi son mari pourrait la vendre à son gré. Le mari a beau être disparu sans donner de ses nouvelles pendant même trois années, l'épouse doit l'attendre fidèlement si elle ne veut s'exposer au châtiment. En vain eût-elle observé la plus rigoureuse chasteté, elle n'en subirait pas moins sa peine, si son mari déposait une plainte au magistrat.

Si, ennuyée de la longue absence de son époux légitime, elle se laisse marier par ses parents à un autre homme, son sort est vite réglé. La loi la condamne dans ce cas à être étranglée.

« Le mari, lui, a toutes les facultés imaginables pour répudier son épouse ; il obtiendra le divorce s'il peut prouver que sa femme est stérile, qu'elle est impudique, qu'elle méprise les parents de son mari, qu'elle a un penchant à la médisance ou au vol, qu'elle est jalouse, qu'elle a une maladie chronique. Ce sont là les sept causes légales du divorce ; comme il est toujours facile de prouver, même contrairement à la vérité, qu'une femme est jalouse ou possède un penchant à dire du mal d'autrui, la rupture du lien conjugal est, en fait, laissée à la libre volonté du mari seul.

« Cependant, l'épouse chinoise trouve une garantie dans la loi elle-même dont les auteurs, malgré leur désir de toujours sanctionner l'aurorité maritale, semblent avoir craint les abus du despotisme masculin. Un homme ne peut demander le divorce contre sa femme, pût-il même lui reprocher justement tous ensemble les griefs dont un seul est suffisant pour rompre le mariage, dans trois cas, dont deux sont fréquents, fort heureusement pour les malheureuses épouses. Le mariage devient indissoluble, sauf en cas d'adultère, si la femme a porté trois ans le deuil du père ou de la mère de son mari ; si la famille de celui-ci est devenue riche ; si, enfin, elle n'a plus ni père ni mère pour la recevoir (1). »

Beaucoup de maris sont de braves gens qui traitent bien leur femme et en Chine, comme en Europe, on voit des ménages dans lesquels c'est « la femme qui porte culotte ». Dans la classe aisée, une femme qui a une belle-mère agréable a une existence aussi

(1) FARJANEL : *La Quinzaine*, décembre 1902.

supportable que celle de n'importe quelle Européenne, surtout si elle a donné une descendance à
son mari.

Le grand désir de toute femme est d'avoir des
enfants. La stérilité est considérée comme une sorte
de châtiment céleste. Mais surtout la maternité lui
donne une situation respectée et prépondérante.
Elle se rapproche ainsi des ancêtres à qui elle a
donné des héritiers et elle peut espérer être ancêtre
un jour.

Comme en pays musulman, elle sera d'autant
plus respectée qu'elle sera plus féconde.

La mère nourrit elle-même son enfant. La *rem-
plaçante* est chose rare, si ce n'est dans la classe
riche. Mais l'allaitement artificiel est inconnu : ce
lait absorbé par l'enfant établirait des liens de
parenté avec l'animal nourricier !

La Chinoise nourrit pendant trois ans. Est-ce
habitude, loi morale ou sociale ? En Turquie, la loi
enjoint à la femme de nourrir deux ans. Je ne sais
s'il en est de même en Chine.

Il y a, entre chaque accouchement, un espace
moyen de deux et demi à trois ans. Si par hasard
une grossesse intempestive survenait, le père, qui a
droit de vie et de mort sur sa progéniture, n'hésite
pas à faire débarrasser sa femme de ce fœtus gênant. Une sage-femme est mandée à cet effet, ou
bien on se rend chez quelques apothicaires dont les
affiches collées dans toutes les rues vantent les
effets souverains de quelque spécialité abortive.

La Chinoise, même de la classe la plus inférieure, possède très vif ce sentiment, commun à tous les représentants du beau sexe, sous toutes les latitudes : la coquetterie. Chez les vieilles, il frise le ridicule. On rencontre souvent des septuagénaires qui portent des toilettes voyantes et se parent encore la tête de fleurs artificielles aux couleurs criardes : bleues, vertes, jaunes, rouges.

Les costumes des Chinoises riches sont très dispendieux. La question des « dessous » ne joue pas chez elles le rôle important qu'elle joue chez nous : elles ne portent ni chemises, ni jupons. La chemise est parfois remplacée par une sorte de large ceinture en grosse toile qui comprime la poitrine. Un ample pantalon, noué sur la cheville et maintenu autour de la taille par une écharpe, tient lieu de jupon. Une grande robe en forme de blouse, boutonnée sur le côté droit, retombe sans plis, ne dessinant ni les hanches, ni la gorge. Cette robe aux larges manches « pagodes » est souvent recouverte de broderies du plus haut prix, travail arachnéen de patience et d'habileté. La Chinoise apporte les plus grands soins aux détails de sa coiffure, toujours très compliquée, à la peinture de ses joues, à la mise en place de ses nombreux bijoux. La coiffure varie de province à province, formant ici de volumineuses coques, se terminant ailleurs par des chignons longs et pointus, rappelant la queue du phénix symbolique. Dans les cheveux sont plantées, à profusion, des épingles en argent ou en or, surmontées d'émaux ou de perles, plus souvent fausses que vraies, de fleurs artificielles. Les cheveux sont soigneusement épilés au niveau des tempes, de façon à dessiner à ce niveau une encoche à angle droit, en marche d'escalier. Seule la femme mariée présente cette épilation, qui est pratiquée le matin même de la cérémonie nuptiale à une heure indiquée par l'astrologue.

Les joues sont recouvertes de fard blanc ou rose très vif. La lèvre inférieure est élargie par une traînée de couleur carmin, qui empiète légèrement sur la peau.

La Chinoise ne se lave guère plus que les belles dames du siècle du Grand Roi et sur sa figure les couches de fard et de poudre se superposent, rarement enlevées par le savon et l'éponge.

Les boucles d'oreilles volumineuses, les lourds bracelets, les larges bagues sont très appréciées des Chinoises. Leurs ongles, dans la classe aisée, surtout ceux des deux derniers doigts de chaque main, sont démesurément longs, 3, 4, 5 centimètres. Et pour protéger ces griffes, et aussi se protéger contre les blessures qu'elles pourraient se faire, les femmes doivent les enfermer dans d'élégants étuis d'argent, dont la présence empêche tout travail manuel.

Quand une Chinoise consent à se faire photographier, une de ses grosses préoccupations est de mettre bien en évidence tous ces accessoires de luxe. Elle ne manque guère de tenir à la main, en l'étalant, son mouchoir qui est parfois un véritable chef-d'œuvre de broderie.

La Chinoise a un corps d'une rare pureté de ligne, que n'a pas déformé l'usage du corset. Ses mains sont d'une finesse élégante et aristocratique. La figure est peu sympathique et on ne trouve jamais chez la Chinoise cet air enjoué, rieur et communicatif qui fait l'un des charmes de la Japonaise. Cependant les petites Chinoises de Canton, bien peintes, drapées dans leurs costumes bariolés de teintes criardes sont d'assez gentilles poupées,qui toutefois manquent de vie. Mais, fumeuses, elles ont la déplorable et dégoûtante habitude de cracher sans cesse.

La femme chinoise n'est pas tenue jalousement enfermée par son mari, comme la musulmane. Elle a une assez grande liberté d'allure et peut sortir quand il lui plaît, non voilée, par les rues. Riche ou aisée, elle va peu à pied et pour deux raisons : la marche est assez pénible à cause de ses étroites et inconfortables chaussures ; le bon ton exige qu'une Chinoise de condition ne circule qu'en charrette ou en palanquin.

Le Chinois, comme tous les Orientaux, et pas mal d'Occidentaux, est fort jaloux. On a prétendu que la déformation du pied était une manifestation de la jalousie féroce des Célestes pour empêcher les femmes de courir aux rendez-vous galants. Si telle était la cause de cette mutilation, je me hâte de dire que son effet est des plus négatifs.

Le mari a droit de vie et de mort sur sa femme et son complice. Mais il ne peut, si l'adultère est de notoriété publique, pardonner à la coupable. Le

mandarin intervient, qui fait emprisonner, fustiger
et vendre la femme au profit du Trésor. Si le mari
proteste, il reçoit cent coups de bambou.

L'adultère est en effet considéré comme un crime
contre le culte des ancêtres.

L'encombrement des maisons chinoises et la pro-
miscuité forcée pourraient favoriser l'inconduite
sous le toit paternel. Aussi la loi punit-elle de mort
l'inceste. Or, est qualifié d'incestueux par le code,
quiconque entretient « commerce » avec les belles-
sœurs, tantes, cousines, concubines de ses parents.

La femme chinoise est, en général, très peu culti-
vée au point de vue intellectuel : son ignorance est
grande, son esprit est éminemment futile. A la
Chinoise, peut bien s'appliquer le proverbe arabe :
« La femme a les cheveux longs, mais les idées
courtes. » Cette mentalité un peu inférieure a l'immense avantage de lui permettre de supporter, sans
en trop souffrir, sa peu enviable position.

*
* *

La mort de son mari, loin d'affranchir la femme,
la fait, au contraire, retomber en plus étroite tutelle
et lui crée une situation nouvelle aussi pénible que
difficile. L'état de veuve, en Chine, est un des plus
tristes qui se puissent rencontrer.

Les veuves appartiennent à deux classes diffé-

Fig. 6.

Fig 6. — Modèle des Tablettes données par l'Empereur aux femmes vertueuses.

Traduction :

Tablette de Mme Sin-lin-Che, femme honorée
par décision impériale de la dynastie des Tsing,
du 3e rang de Mandarinat pour l'ardeur de sa vertu.
Témoignage honorable conféré par l'Empereur.
Modèle de Gynécée pour l'ardeur de sa vertu.
Un jour heureux de la 7e lune, de la 22e année
de Kouang-Siu.

rentes : les jeunes filles, dont le fiancé est décédé ;
les femmes, dont le mari est mort. Nous avons vu
plus haut comment le mariage de deux enfants en
bas âge était, d'habitude, décidé, à leur insu, par
leurs parents. L'accord intervenu entre les deux
familles est considéré comme définitif et rien, en
principe, sauf la mort, ne pourra le rompre. Or, si
le fiancé vient à mourir, la jeune fille, informée de
ce grave événement, pourra apprendre, du même
coup, et ses fiançailles antérieures et son veuvage
actuel. Elle revêt aussitôt les habits de deuil : robe
blanche, chaussures blanches, bandes de toile blanche enserrant les cheveux.

Quelquefois, cette veuve *in partibus* refuse de se
marier, « brûlant de chasteté perpétuelle », suivant
l'expression chinoise, car le mariage serait une
insulte à la mémoire du défunt. Elle pourra même
venir se suicider dans la maison de son fiancé et
alors, grâce à la mort, considérée comme une femme
légitime, elle aura droit de reposer dans le cimetière
de famille, aux côtés de celui qui aurait pu être son
mari.

Quels sont les sentiments qui poussent la jeune
fille à pareille résolution ? La douleur causée par la
perte d'un être aimé ne saurait être invoquée. Quels
sentiments peut-elle bien éprouver pour un fiancé
qu'elle n'a jamais vu ? L'habitude, la routine — la
chose se faisait autrefois et continue à se faire — si
puissantes en Chine, sont facteurs autrement importants. Mais il faut, avant tout, placer la gloriole,

une sorte de coquetterie posthume : de tels suicides sont considérés comme très honorables et pour la victime et pour sa famille.

La femme veuve, elle aussi, se suicide parfois. C'est rarement l'amertume du regret d'un mari adoré qui l'amène à semblable folie. Comme chez la jeune fille, ce peut être souvent un besoin de réclame, une satisfaction insensée d'amour-propre qui la conduiront à cette détermination extrême : la famille, d'ailleurs, l'y encourage volontiers parfois. Ces suicides sont, pour les parents, une source d'honneurs des plus flatteurs. L'empereur, en effet, sur le rapport à lui adressé par les autorités, peut décerner des titres à la défunte, faire placer dans sa maison une tablette sur laquelle sont gravées ses vertus. Dans quelques cas, même, le souverain prélève, sur sa cassette, la somme nécessaire à l'érection d'un arc de triomphe commémoratif de cet acte de haute fidélité conjugale posthume.

Mais, le plus souvent, la vraie raison qui pousse la femme à « sortir de la vie par le chemin le plus court », selon l'expression chinoise, est le désir de mettre fin à une existence pénible. La situation de la veuve, en Chine, n'est pas comparable à celle de la *sutty* hindoue, qui, dans certaines contrées de l'Inde, se voit prise dans cette cruelle alternative : se brûler sur le bûcher de son mari, ou vivre, mais alors en passant au rang des parias. Les castes n'existent pas en Chine et si la veuve n'a pas à craindre de tomber au niveau de la classe ignoble et

Fig. 7. — Arc de triomphe élevé par ordre de l'empereur
à une veuve vertueuse, à Amoy.
(Gravure communiquée par Mgr Raynaud, évêque de Ning-Pô.)

méprisée, elle a à redouter une vie pleine d'amer-
tumes, d'humiliations et de déboires. Privée de
l'appui de son mari, elle est, maintenant, dans la
famille, à la merci de sa belle-mère, de ses belles-
sœurs, des concubines, de ses beaux-frères. Les unes
la tyranniseront tout à leur aise, les autres tente-
ront d'abuser d'elle ou essaieront de la vendre pour
la prostitution. Si elle se prostitue, elle offense la
mémoire de son mari ; si elle devient enceinte, sa
faute est capitale, car la viduité des veuves est
considérée comme un sacerdoce. Si elle se remarie,
elle offense encore la mémoire de son mari. Il est
vrai que beaucoup de veuves n'hésitent pas à se
remarier, et avec raison, je trouve, préférant cette
offense au suicide vaguement entrevu ou à l'existence terrible qui leur était, pour de longues années
encore, peut-être, réservée. Le remariage des veuves
dans la classe pauvre est assez fréquent, car il est
avantageux. La famille de l'époux n'a pas besoin de
faire des cadeaux aux parents de sa future bru. Or,
ces cadeaux sont toujours dispendieux.

* *

La Chinoise peut donc être veuve sans avoir été
mariée. Il est vraiment regrettable qu'elle ne puisse
pas être belle-mère au lendemain de ses fiançailles.
Le rêve de toute jeune femme est de pouvoir, le plus

tôt possible, avoir un fils d'abord, une bru ensuite. Jeune fille ou jeune femme, la Chinoise a, parfois, bu jusqu'à la lie la coupe de l'humiliation. Elle a souffert physiquement et moralement. Il semble que, belle-mère, elle se dédommage de ses maux en faisant, à son tour, pâtir tout ce qui est au-dessous d'elle par l'âge et la situation.

La femme, en Chine, ne joue vraiment un rôle que du jour où elle est belle-mère. La plus brillante démonstration de ce fait est donnée par ce qui se passe, à l'heure actuelle, à la cour de Pékin, où une septuagénaire, d'une rare intelligence, douée de l'esprit d'intrigue, peu gênée par les scrupules, détient le pouvoir depuis quarante ans. « L'influence de la belle-mère, dans la famille, peut être des plus néfastes et, dans bien des cas, si la justice intervenait pour les suicides d'ordre familial, on pourrait lui crier : Cherchez la belle-mère ! Celle-ci, en Europe, relève de la pochade et du vaudeville. En Chine, elle pourrait alimenter le répertoire mélodramatique. On ne demande jamais à une jeune femme : « Etes-vous heureuse dans votre nouvelle famille ? » mais : « Dans quels termes êtes-vous avec votre belle-mère ? » Cette simple question de la conversation courante en dit plus qu'une subtile analyse psychologique (1). »

On peut être belle-mère très jeune et une Chinoise de vingt-deux ans, ayant un fils de quatre à cinq

____

(1) J.-J. MATIGNON : *loc. cit.*

ans seulement, peut très bien avoir une bru. J'ai dit
que les enfants étaient fiancés en bas âge. Il arrive,
parfois, que des parents peu fortunés placent tout
de suite leur fille dans la famille de leur futur gen-
dre. L'enfant sera élevée par la belle-mère jusqu'au
jour où le mariage sera consommé, c'est-à-dire à la
nubilité. La situation de ces petites brus est des plus
pitoyables. Elles sont, trop souvent, des victimes,
des souffre-douleurs. Les mauvais traitements peuvent aller jusqu'à la torture et entraîner, même, la
mort. L'opinion que j'avance est corroborée par de
nombreux rapports d'autorités chinoises, adressés
au Trône, et dont voici un spécimen traduit de la
Gazette de Pékin, qui est le journal officiel du Céleste-Empire :

« Depuis quelque temps, les gens du peuple ont
pris l'habitude de recevoir et de nourrir chez eux les
fiancées de leurs fils, dès l'âge de trois ou quatre
ans. Certainement, il en est qui les élèvent avec
bonté. Mais il en est pourtant qui les maltraitent
cruellement, selon leur caprice, au point de leur
donner la mort.

« Votre serviteur a lu le rapport au sous-préfet de
Liou-Hang-Hien, sur le procès intenté à une femme
du peuple. Elle a fait mourir de propos délibéré la
sœur cadette du nommé Lou qu'elle nourrissait chez
elle pour la donner à son fils. Le sous-préfet a fait
l'inspection du cadavre. La sœur de Lou avait à
peine six ans. Dès l'âge de trois ans, elle était passée
dans la famille de son fiancé pour y être nourrie.

Elle était faible et maladive. La belle-mère la prit en aversion.

« Le 16 janvier, la sœur de Lou, ayant la diarrhée, salit son pantalon. La belle-mère lui brûla les deux coudes avec une baguette de bois aromatique allumée. La sœur de Lou poussa de grands cris. La belle-mère, avec des pincettes chauffées au feu, lui brûla les sutures du crâne du côté gauche. La sœur de Lou redoubla ses cris. Alors la belle-mère résolut de lui donner la mort. Puisant de l'eau bouillante avec une grande cuiller, elle la jeta sur la sœur de Lou et lui brûla le sommet du crâne, les deux jambes, le front, la gorge, le cou et le côté droit jusqu'à la gauche. L'enfant mourut peu après. »

Si la fillette peut être exposée à la férocité physique de sa belle-mère, c'est surtout la férocité morale de celle-ci que la jeune mariée doit redouter. La vie de famille, pour quelques brus, est un véritable enfer, tant les agaceries, les vexations de toutes sortes de sa belle-mère sont fréquentes. Tout lui est prétexte à scènes et mots désobligeants. Elle reproche à sa belle-fille sa lenteur à avoir des enfants, qu'elle qualifie de stérilité ; son appétit qu'elle taxe de gourmandise ; sa belle taille, qu'elle considère comme une monstruosité.

Parlant, dans mon livre, du suicide, j'ai raconté que j'avais dû un jour intervenir... comme dentiste, dans une de ces querelles familiales. Une brave jeune femme avait le malheur d'avoir une belle-mère acariâtre et les deux canines de la mâchoire

supérieure un peu saillantes en avant. Ces dents
mal implantées étaient une cause constante d'exas-
pération pour la mère de son mari ; elle prétendait
que la figure de sa bru avait un air narquois et que
ses dents lui « faisaient les cornes ». Remontrances,
gros mots, menaces, gifles, rien n'avait pu modifier
l'aspect primitif de la mâchoire supérieure. La
belle-mère alors conduisit sa bru à l'hôpital, et
m'expliqua le motif de sa visite. Je trouvai les arguments à ce point irrésistibles, que je n'hésitai pas à
débarrasser l'infortunée jeune femme de ses dents,
cause de tout son mal, estimant que le bénéfice d'un
peu de paix dans le ménage n'était pas trop chère-
ment acheté par la perte de deux canines.

Certes, il ne faudrait pas que, d'après ce tableau,
un peu poussé au noir, j'en conviens, on conclût
que toutes les belles-mères sont des monstres. Cependant, toutes les personnes que je connais et qui
ont longtemps séjourné en Chine sont unanimes à
proclamer ce fait : une bonne belle-mère est un
oiseau rare ; quelques-unes sont passables ; la majorité d'entre elles est mauvaise.

*
* *

Telle est, rapidement esquissée, la condition de la
femme en Chine. Nous ne pouvons que la plaindre.
Comment pourra-t-on affranchir la Chinoise de cet

état de tutelle humiliante et l'élever à une position meilleure ? La pénétration de la religion chrétienne serait, sans doute, seule capable de briser la barrière des lois et coutumes morales qui, depuis des milliers de siècles, maintiennent en quelque sorte la femme en dehors de la société. Mais, à en juger par le peu de résultats obtenus par de nombreux missionnaires de toute confession qui, depuis un demi-siècle, évangélisent la Chine, il y a tout lieu de supposer que de nombreuses générations auront le temps de disparaître avant que l'âge idéal de « l'humanisme intégral » n'arrive ; avant même que la femme chinoise puisse avoir un semblant d'égalité avec l'homme et aspirer, comme chez nous, à participer à la vie de la nation, occuper des fonctions publiques, pratiquer des professions libérales et devenir avocat, médecin ou simple demoiselle des téléphones.

LE FILS DU CIEL (1)

Il y a quelques mois, lorsque la Cour fut revenue à Pékin, le télégraphe annonça *urbi et orbi* qu'elle y avait fait une entrée triomphale ; et en tout cela rien que de très naturel. Le gouvernement impérial avait sûrement fait répandre par les provinces la nouvelle que les « Barbares aux poils roux » avaient été rejetés à la mer par ses troupes et que les ambassadeurs accrédités à Pékin allaient humblement demander à être reçus en audience par l'empereur et l'impératrice, pour leur porter les excuses des souverains et chefs d'Etat — vassaux de la Terre-Fleurie !

Mais quelle va être, maintenant, la vie au palais et quelles seront les relations nouvelles qui s'établiront entre la cour et le corps diplomatique ? Le mystérieux palais, autrefois jalousement fermé, va-t-il enfin s'ouvrir ? L'accès du souverain sera-t-il désormais facile ?

En attendant que quelque résident de Pékin

(1) *La Lecture hebdomadaire*, 1902.

veuille bien nous renseigner sur ce point et nous
fournir de nombreux détails sur le Fils du Ciel, je
vais essayer de faire connaître ce dernier, d'après
mes notes recueillies à Pékin et réunies en un portrait, peu de temps après la délivrance des légations.

I

« Le souverain règne et ne gouverne pas ! » Jamais la célèbre et historique formule ne fut aussi
vraie en France qu'elle l'est, à l'heure présente,
en Chine. Louis-Philippe, le roi citoyen, pouvait
avoir, au moins, un semblant de volonté. Le malheureux Kouang-Sü, le Fils du Ciel, le potentat captif,
n'a même pas ce droit. Après vingt-huit ans de
règne, l'empereur de Chine, maître de la vie et des
biens de quatre cent millions de sujets, n'a pu s'affranchir de la tutelle de l'impératrice douairière.
Et ce jeune souverain de vingt-trois ans est totalement « chambré » par une vieille femme de près de
soixante-dix ! Kouang-Sü est un être faible et l'impératrice Tsé-Shi, la fameuse *Si-taé-Kou*, a une rare
énergie.

La douairière n'est point la mère de l'empereur.
Elle n'est que sa tante…. de la main gauche, en se
plaçant à notre point de vue européen, mais parfaitement légitime à la mode chinoise. Concubine de
l'empereur Sien-Fou (mort en 1861), qui n'avait

pas d'enfants de l'impératrice, elle donna le jour à un fils. Cette maternité l'éleva au rang d'impératrice. Elle devint la Si-taé-Kou, l'impératrice de l'Ouest, et la femme légitime de Sien-Fon fut la Tong-taé-Kou, l'impératrice de l'Est : ces deux qualificatifs furent donnés aux souveraines en raison de l'orientation des palais qu'elles occupèrent. Sa nouvelle dignité lui fit perdre, en quelque sorte, son titre de mère, car son fils, le jeune Tong-tché, fut considéré comme l'enfant de l'impératrice de l'Est : ainsi le veulent les rites.

Volonté, intelligence, esprit d'intrigue, rouerie, fausseté, immoralité, débordement des passions, rien n'a manqué à la Si-taé-Kou, la Sémiramis d'Extrême-Orient (1). Tout lui a servi pour s'emparer du pouvoir : Elle le détient depuis quarante ans et elle laissera sûrement dans les annales de la Chine une trace capitale de son passage. Son fils Tong-tché, toujours en tutelle, mourut jeune et sans descendance. L'impératrice, par un coup d'Etat contre lequel protestèrent certains grands dignitaires. choisit elle-même son successeur et désigna un bambin de la famille impériale âgé de cinq ans, Kouang-Sü : il avait moins de titres au trône que nombre de ses parents. Aux yeux de la Si-taé-Kou, il avait

____

(1) L'impératrice Tsou-Hsi n'était pas, comme on l'a raconté, de basse extraction. Elle était la fille d'un maréchal tartare, et une de ses sœurs était même mariée à un prince du sang, frère de l'empereur Sien-Fon qui régnait au moment de la guerre de 1860.

deux qualités : il était très jeune, et aussi il était le fils de l'un de ses amants, le prince Tchoun, frère de son mari défunt, plus connu sous le nom de « Septième Prince ».

Jusqu'à sa majorité, c'est-à-dire de 1875, date de son ascension au trône, à 1889, l'empereur a été systématiquement mis à l'écart des affaires de l'Etat. Il a été élevé comme le sont tous les princes : il vivait entouré d'eunuques faux et serviles, de servantes empressées et de ministres toujours prosternés devant lui. De son métier de souverain il n'apprenait rien. Il ne connaissait et ne pouvait même soupçonner, je ne dis pas les besoins, les aspirations, mais la vie la plus rudimentaire des 400 millions de sujets qu'il allait être bientôt appelé à gouverner. C'était peut-être calcul de la vieille impératrice que de le laisser ainsi à l'écart, de le maintenir dans l'ignorance, afin de pouvoir toujours conserver le pouvoir. Car, en 1889, quand la régente remit la direction de l'empire au jeune Kouang-Sü, elle eut l'air seulement de lui céder la place. Mais on savait qu'elle était toujours dans la coulisse ; qu'elle assistait, invisible, aux délibérations du conseil de l'empire, et que si l'empereur apposait son sceau sur les décrets et proclamations, la rédaction en avait été inspirée par la Si-taé-Kou.

De sa majorité à 1898, l'empereur a été constamment tenu en lisière et son rôle a été des plus effacés. Mais voilà que tout à coup une modification soudaine se produisit. De mai à septembre 1899, il parut vouloir voler de ses propres ailes.

Il s'entoura de conseillers jeunes, il eut des velléités de secouer la torpeur de la vieille Chine et de la lancer, à l'exemple du Japon, dans la voie du progrès. Sous l'influence de ses conseillers, dont le plus fameux fut Kan-Yéou-Oué, un vent de réformes commença à souffler brusquement en tempête, et les antiques institutions chinoises se mirent à danser une sarabande infernale. Les rites, les traditions, les superstitions, qui depuis quarante siècles maintenaient l'empire dans son immobilisme, figeant la pensée chinoise, donnant à la Terre-Fleurie l'aspect d'un musée vivant de paléontologie sociale, tout cela devait disparaître d'un simple trait du pinceau impérial. L'empereur allait soudain effacer le passé ; des écoles, des chemins de fer, des télégraphes, des lignes de navigation étaient décrétés. Les idées de l'Occident allaient pénétrer partout et transformer la Chine comme par enchantement. Et Kouang-Sü, le Xénophile, pour bien montrer l'exemple du mouvement réformateur, drapa son maigre corps dans une ample redingote, couvrit son auguste chef d'un chapeau haut de forme, et en pareil attirail se présenta devant la Si-taé-Kou.

Ce déguisement fut la mort du progrès. Peut-être un jour un historien sagace trouvera-t-il que l'avenir de la Chine, à la fin du dix-neuvième siècle, n'a tenu qu'à une simple question de toilette. Le vieux parti chinois et l'impératrice, essentiellement misonéistes, voyaient d'un mauvais œil le mouvement réformiste conduit par l'empereur. Les Européens habitant depuis longtemps la Chine assistaient étonnés à cette révolution par en haut qui avait l'air de se préparer et ils se demandaient si c'était là l'aurore d'une transformation, comme celle qui avait en quelques années métamorphosé le Japon. En effet, du palais mystérieux, immuable, synthèse vivante de l'immobilisme de la Chine, partaient coup sur coup des lois et des décrets qui sapaient par la base tout l'édifice social vermoulu et suranné et qui se maintient par la force de la routine : le programme des « jeune Chine » était des plus avancé : tout s'y trouvait, la conscription, un projet de représentation parlementaire, le droit accordé aux petits fonctionnaires de s'adresser directement à l'empereur pour lui signaler les abus et la concussion de leurs chefs ; la suppression des examens ; l'introduction des sciences européennes dans les concours et comme corollaire à cette dernière innovation, le discrédit jeté sur les classiques, qui depuis plus de trente siècles ont servi à former les générations de lettrés (1).

Il y avait là de quoi affoler de terreur tout le vieux parti chinois qui voyait, si l'empereur et les réformistes triomphaient, crouler toute sa puissance. Il sut habilement exploiter contre ses ennemis les fautes qu'ils commettaient dans les réfor-

(1) Courant : *loc. cit.*

mes trop hâtives et grouper autour de lui tout ce noyau de mécontents que le régime nouveau allait dépouiller de fructueuses prébendes. L'impératrice, de son côté, feignit de se croire menacée et en profita pour mander à Pékin son neveu Jong-Lou et les troupes fidèles à sa cause.

Le pauvre Kouang-Sü sentait parfaitement cette hostilité sourde croître autour de lui. Il voyait son autorité minée de jour en jour.« Sauvez-moi et l'empire avec ! » écrivait-il à Kan-Yéou-Oué. Son appel fut impuissant.

La Si-taé-Kou trouva, dans ce déguisement grotesque de son neveu une occasion rare de le tuer par le ridicule. Car celui-ci, en Chine, est aussi puissant qu'en Europe, et quand on réussit à faire «perdre la face » à un Céleste, on a notablement rabaissé son prestige. L'impératrice n'y faillit point. Elle se moqua ouvertement du malheureux Kouang-Sü, lui fit publiquement « perdre la face » avec des considérants terribles. Pourquoi cet accoutrement emprunté des « barbares d'Occident ». Avait-il le droit de faire ainsi table rase en se riant de tout ce qui tenait le plus au cœur de la vieille Chine, ses rites sacrés et immuables depuis quarante siècles ? Est-ce de la sorte qu'il comprenait la piété filiale et le respect dû à ce qu'avaient fait ses ancêtres ? Vraiment il n'avait aucune des qualités requises pour faire un bon souverain de l'Empire du Milieu. Il ferait mieux, en matière de gouvernement, de s'en rapporter à la douairière, âgée, pleine d'expé-

rience, prudente et respectueuse du passé. Et pour
donner plus de poids à ses maternels conseils, la Si-
taé-Kou ajoutait que les troupes de Jong-Lou étaient
déjà sous les murs de Pékin, prêtes à l'assurer de
leur concours, pour reprendre le pouvoir si besoin
en était.

Le pauvre Kouang-Sü reconnut sa faiblesse et
sa faute et comme un gamin turbulent et polis-
son fut mis en pénitence ; on l'enferma dans un
kiosque au milieu du lac des Lotus et il y fut soumis
à une étroite surveillance. Le lendemain un décret
de la *Gazette de Pékin* annonçait au peuple que, vu
les circonstances difficiles que traversait l'empire,
Sa Majesté avait prié la « vieille dame sacrée » de
vouloir bien l'aider de ses sages et précieux conseils. Aux yeux des Chinois, par ce petit artifice,
on « sauvait la face » de l'empereur. Mais personne
ne put s'y tromper. La vieille impératrice triomphait une fois de plus et détruisait d'un coup de
pinceau tout ce qu'avait essayé de faire Kouang-Sü.
Un régime de terreur régna au Palais : le bannisse-
ment, la destitution atteignirent les grands mandarins qui s'étaient montrés favorables au mouvement
réformiste. Des exécutions nombreuses eurent lieu.
Quelques coupables furent atteints ; mais combien
plus grand fut celui des innocents qui payèrent de
leur tête, sur de fausses dénonciations, des rancu-
nes, des jalousies accumulées depuis longtemps.

Le chef du parti réformiste Kan-Yéou-Oué, prévenu juste à temps par une lettre de l'empereur,

fut sauvé par miracle. Il gagna Tien-tsin où il se tint caché quelques jours puis s'embarqua à Takou et en arrivant dans la rivière de Chaung-Haï, le consul d'Angleterre l'informa du danger qu'il courait et le fit monter à bord du *Ballaarat* qui partait pour Hong-Kong d'où il put se réfugier au Japon.

« Kan-Yéou-Oué a été surnommé par ses fidèles le Sage, *le Confucius moderne.* Ce qualificatif paraît exagéré et n'a d'autre excuse que l'enthousiasme que cet homme fort intelligent souleva, par ses idées, chez ses collaborateurs. Esprit très cultivé, très instruit, traducteur d'une *Vie de Pierre le Grand*, il avait fait connaître à son pays les principaux réformistes japonais. Mais il manquait de pondération. Il se jetait à corps perdu dans la voie des réformes. Il n'avait pas assez prévu, ni par quoi il remplacerait ce qu'il supprimait, ni par quels moyens il ferait aboutir la révolution dans laquelle il allait entraîner l'empereur : la légalité, l'argent, ou la force. Enfin, pour user de la force, il aurait fallu un empereur susceptible d'un coup d'audace, un vrai joueur tentant la fortune et la faisant triompher par la violence. L'empereur avait la force. Il n'avait qu'à faire un signe et l'excellente armée du réformiste Yen-Che-Kaï aurait volé à son secours. Il n'osa pas signer le décret appelant cette armée à Pékin. C'était l'aveu complet de son impuissance et l'anéantissement à jamais du parti réformiste (1). »

(1) Courant : *En Chine.*

Le coup d'Etat de la douairière pour reprendre le pouvoir fut tacitement appuyé par la Russie, soutien du vieux parti Chinois. La politique du Czar trouvait ainsi le moyen de faire échec à l'Angleterre, appui moral de l'élément réformiste. Bien qu'ils ne fussent pas des chrétiens, tous les « jeune-Chine » étaient au moins les élèves des missionnaires anglais de Hon-Kong, Chang-Haï et Canton. Et ceux-ci, soit dit à leur plus grande louange, n'oublient pas qu'avant le salut des âmes chinoises doivent passer les intérêts de *the Greater Britain* : ils cherchent moins à faire des chrétiens que des clients de l'Angleterre.

Peu de temps après, l'Europe, l'Amérique et le Japon reconnaissaient officiellement cette usurpation de pouvoir par l'impératrice ; des négociations étaient engagées par le corps diplomatique de Pékin pour obtenir de la Si-taé-Kou qu'elle voulût bien faire aux femmes des ambassadeurs la faveur de les recevoir en audience ; ce qui fut accordé. Cette réception fit grand bruit en Europe. C'était en effet un événement extraordinaire, presque une révolution dans les rites. La Si-taé-Kou se montra fort aimable ; un an plus tard elle recevait de nouveau les ambassadrices, les comblait de compliments et de cadeaux et quelques mois après essayait de les faire massacrer dans leurs légations.

Kouang-Sü n'existait plus que de nom ; son rôle et son influence étaient nuls. Sa situation était moindre encore que jadis celle de nos rois fainéants. A la cour, le vieux parti chinois, mené par « la vieille dame sacrée » et ses deux funestes acolytes, le prince Toine (1) et le général Ton-Fou-Sian, régnait sans conteste, et cette néfaste trinité allait sourdement préparer le grand mouvement antiétranger de 1900 : les affaires de Pékin, le siège des légations, les incendies des missions, les tortures des chrétiens ne furent que les premiers actes du drame criminel machiné par la Si-taé-Kou et son entourage, drame qui ne put, faute de temps, être joué jusqu'au bout. Un miracle, l'entente des troupes alliées entraînées par les Japonais et leur entrée à Pékin, empêcha l'acte final, le massacre général des étrangers.

II

L'empereur est ignoré de ses sujets. Ceux-ci connaissent son nom, qui figure en grosses lettres en tête de chaque proclamation officielle et c'est tout. De sa vie intime, ils ne savent rien et ne cherchent même pas à se renseigner. Les rites et la tradition leur ont appris que l'empereur est « le Père et la Mère » de son peuple et cela leur suffit. Les révolutions du palais, les intrigues de la cour

(1) Les journaux français acceptent, en général, l'écriture anglaise Tuan.

ne sont guère connues au large ; seuls, les grands
dignitaires et quelques lettrés en soupçonnent ou en
connaissent quelques détails.

Les Célestes savent que leur souverain est monté
très jeune sur le trône, que sa santé est délicate.
Les Chinois mieux renseignés racontent que
Kouang-Sü est sujet aux attaques d'épilepsie et
que son caractère est violent et emporté. Enfant,
il avait de terribles accès de colère ; fait commun,
d'ailleurs, à la majorité des petits Célestes, qui ont
des crises colériques d'une rare violence dans lesquelles ils deviennent violets, la face turgescente,
les yeux sortant des orbites ; véritables accès de
« colère noire » durant lesquels ils perdent à moitié
connaissance. Ce n'est là qu'une manifestation commune de l'hystéro-épilepsie très fréquente en
Chine.

L'empereur est-il populaire ? A cette question,
une réponse est difficile. Le sentiment d'une nation
ne peut guère trouver un reflet que dans la presse.
Or celle-ci est inconnue en Chine. Et les journaux
indigènes qui existent dans les ports sont au service
de la Russie ou de l'Angleterre. Le seul journal chinois de l'Empire du Milieu est la *Gazette de Pékin*,
c'est-à-dire l'*Officiel*, qui ne contient que les décrets. Ce qui domine dans la nation, c'est un sentiment d'indifférence ; le Chinois sait que, quel que
soit le souverain, les récoltes ne seront pas meil-
leures et que les exactions des mandarins n'en dimi-
nueront pas d'une sapèque.

Fig. 8. — Le pont de Marbre et le lac des Lotus.

Cependant, cet empereur, peu ou pas connu de ses sujets, a un grand tort à leurs yeux, il n'a pas d'enfants. Et, en Chine, la plus grande offense qu'un homme puisse faire à la piété filiale est de ne pas avoir de descendance mâle pour pratiquer le culte des ancêtres. On plaint le Chinois qui n'a pas de fils. Aussi la nation dut-elle, en janvier 1900, apprendre avec joie que le grand Conseil de l'empire venait de choisir, comme successeur éventuel de Kouang-Sü, un enfant de treize ou quatorze ans, le fils du prince Toine ; le jeune Pou-tchoun décrété *successeur* de Kouang-Sü, était, en même temps, déclaré *héritier* de Tong-tché, — l'empereur mort sans enfants en 1873. — Ceci demande une explication, que va nous donner le principe du culte des ancêtres, dans ses rapports avec la succession au trône.

Les lois de l'empire veulent que tout souverain décédé sans postérité mâle ait cependant un *héritier* et successeur plus jeune que lui qui pourra s'occuper de ses mânes et leur faire, aux dates indiquées, les sacrifices prescrits par les rites. On mena grand bruit, en Europe et en Amérique, au sujet du choix fait par le Conseil de l'empire du successeur de l'empereur actuel. On parla de déposition probable ou certaine ; des considérations de politique trancesdantale s'élaborèrent péniblement dans le cerveau de quelques diplomates. Beaucoup de rapports adressés sur cette question aux chancelleries auraient sûrement gagné en précision s'ils avaient été inspirés par la connaissance de certaines particularités des mœurs chinoises en matière de succession.

Les deux derniers empereurs, Sien-Fon et son fils Toung-Tche, morts à peu de distance, n'avaient plus de descendance mâle. L'empereur actuel, Kouang-Sü, en montant sur le trône, fut déclaré *successeur* de son cousin Toung-Tche et *héritier* de son oncle Sien-fon. Cette qualité lui confiait le soin spécial de l'âme de ce dernier. Le fils de Kouang-Sü, s'il en avait un, serait à son tour héritier de Toung-tche et partant, ferait les sacrifices rituels à ses mânes.

Le Conseil de l'empire avait donné à l'empereur un délai de cinq ans après son mariage pour avoir un fils. Les cinq ans écoulés, comme les mânes de Toung - tche ne pouvaient pas indéfiniment rester sans qu'on s'occupât d'elles, le grand Conseil réuni choisit un héritier à Toung-tche. Ce fut le jeune Pou-tchoun, qui devenait, par la même occasion, le successeur éventuel de Kouang-Sü et le fils du futur empereur serait lui-même l'héritier du souverain actuel.

Il y a maintenant beaucoup de chances pour que l'empereur n'ait jamais d'enfant. Il est de santé délicate, sa constitution est faible. Agé de trente-cinq ans, on lui en donnerait au plus quinze ou seize. Il paraît un joli petit adolescent, mièvre, aux grands yeux noirs bridés, doux et timides. L'ovale de sa figure est des plus réguliers et d'une pureté de lignes peu commune en Chine. La bouche reste constamment entr'ouverte et un léger rictus soulève un peu sa lèvre gauche, découvrant de fort belles dents très blanches.

Si nous en croyons Jean Hess, Kouang-Sü serait un névropathe typique. Son émotivité serait extrême. Le moindre bruit le secoue désagréablement ; mais un coup de gong lui cause des sensations voluptueuses.

Ce qui domine sur la figure de cet impérial captif, c'est un sentiment de lassitude, de fatigue et d'ennui. La tête, constamment inclinée à gauche, semble fléchir sous le poids trop lourd de sa couronne (1). Il a la physionomie intéressante et sympathique d'un jeune malade.

Que l'empereur paraisse triste, la chose n'est que naturelle. La vie qu'il mène dans le Palais doit souvent manquer de charmes. Maintenu en tutelle étroite, sans pouvoir réel, privé de sa volonté et sa personnalité, il doit souffrir intérieurement. Humilié de ne pas avoir d'enfants, son chagrin doit être accru par la conscience qu'il a de sa propre impuissance. S'il n'a pas d'héritiers, la faute n'en est qu'à lui, car en matière de femmes il n'a que l'embarras du choix.

« Dans la famille impériale plus que dans toute autre, dit M. Courant, les héritiers mâles sont néces-

----

(1) Pure métaphore classique, je me hâte d'ajouter, car l'empereur de Chine ne porte pas de couronne.

(2) COURANT : *En Chine*.

saires, puisqu'ils doivent perpétuer le culte des ancêtres impériaux. Aussi l'empereur est entouré de concubines, dont une partie au moins ne sont pas achetées commé esclaves. Le lucre et l'amour du plaisir ont augmenté quelquefois plus que de raison le nombre des femmes au Palais. Il est des époques, surtout dans l'antiquité, où l'on en a vu plusieurs centaines. La semi-claustration du gynécée chinois ne semble pas suffisante pour elles et on les enferme dans un véritable harem, où leurs pères et mères peuvent seuls venir les voir ; elles ne sortent que pour accompagner l'empereur et seulement dans des voitures ou des chaises fermées. Le service de cette partie du Palais est fait par des servantes mandchoues, louées par l'intendance de la Cour, et par des eunuques chinois au nombre de plus de deux mille, remplissant tous les offices serviles depuis celui de jardinier ou de balayeur jusqu'à ceux de cubiculaire et de premier eunuque. Les concubines impériales sont l'objet d'un choix officiel qui s'est fait récemment dans les circonstances suivantes : l'empereur régnant et ses prédécesseurs étant montés fort jeunes sur le trône, quand ils furent d'âge à être mariés, les hauts fonctionnaires mandchoux présentèrent à l'impératrice douairière la liste des jeunes filles mandchoues de tout l'empire qui n'étant pas de la maison impériale, pouvaient, par leur âge et leur situation de famille prétendre à entrer au harem. Après élimination d'une partie des candi-

dates, l'impératrice fit venir les autres à Pékin,
les vit plusieurs fois, les interrogea et en choisit
enfin un certain nombre, pour être gardées au Palais et instruites dans les rites et la langue mandchoue. Quelques mois, plus tard, un décret annonça
qu'une impératrice et deux princesses-épouses
avaient été assignées, — ce décret et quelques détails de cérémonie nuptiale montrent qu'à la différence de ses sujets, l'empereur a trois épouses
rituelles. — L'impératrice a la première place.
Mais malgré ses honneurs et ses titres, choisie comme les concubines elle n'est que la première d'entre
elles, l'éclat de son rang se perd dans le rayon-
nement de son époux et si l'infériorité de la femme
à l'égard du mari est plus grande chez les riches
que chez les pauvres, l'inégalité est plus marquée
encore dans le ménage impérial (1). »

Quand l'empereur veut accorder ses faveurs à
l'une de ses femmes, il ne « lance pas le mouchoir »,
mais il « détourne sa tablette ». Je m'explique.
Dans l'antichambre attenant aux appartements du
souverain, se trouvent, sur une table, de petites
fiches de jade ; sur chacune d'elles est gravé le nom
d'une concubine. Son choix fait, Sa Majesté détourne la tablette de jade, et l'eunuque de service va
aussitôt chercher l'hétaïre élue, superbe Tartare
au chignon tordu en cornes de bœuf, accorte Chinoise à la figure enluminée et aux pieds non déformés. Ce même eunuque note, sur son livre de comp-

____

(1) Courant : *Loc. cit.*

Fig. 9. — La pagode de l'empereur dans la ville interdite.

tabilité.... amoureuse, le nom de la dame, le jour et l'heure où elle a été distinguée par l'empereur. Tout ceci pour éviter les contestations qui pourraient s'élever, en cas de naissance, au sujet de la légitimité de l'enfant.

Heureuse serait la concubine actuelle qui pourrait avoir un enfant. La maternité lui donnerait le pas sur toutes ses compagnes et lui assurerait pour plus tard les honneurs dus à une impératrice.

On est concubine à vie, mais cette situation est au fond peu enviable en général. « Logées, chacune séparément, nourries, les concubines ont leur sort assuré, puisqu'elles ne quittent le Palais que dans leur cercueil. Quelques-unes, jouissant de la faveur impériale, ont, avec la satisfaction des sens, les triomphes de la vanité et le plaisir de l'influence ; un plus grand nombre, inconnues du souverain, ou distinguées, puis négligées, mènent une triste vie, vaine et cloîtrée, dans les jalousies et les mesquines intrigues, en butte aux avanies des eunuques, ignorantes de tout ce qui existe hors des murs de la ville impériale, sans compensation intellectuelle, sans espoir d'être honorées par des enfants, puisqu'elles ne seront jamais mères, avec la crainte d'être, quelque jour, assommées à coups de bâton par les eunuques, si quelque imputation vraie ou fausse a irrité l'empereur. Triste condition, désespérée et plus dégradée que celle des esclaves domestiques (1). »

(1) Courant : *Loc. cit.*

Kouang-Sü, le potentat captif, enfermé dans son palais, est enveloppé, comme en un filet, de la trame étroite des rites. Pas la moindre liberté, ni physique ni morale. Il est le plus esclave des habitants de l'Empire du Milieu. Il ne peut, même dans son Palais, aller à pied quand et où il lui plaît : ici la chaise, là le bateau, ailleurs la charrette, et plus loin le cheval. Tout est réglé par des coutumes écrites et immuables depuis des siècles. Et bien osé ou bien insensé serait celui qui voudrait apporter une modification, même légère, à cet état de choses. En janvier 1900, l'empereur, au mépris des traditions, voulut traverser à pied une cour du Palais qu'il ne doit franchir qu'en palanquin. Le Conseil de l'empire s'en émut et les censeurs adressèrent des observations à ce jeune irrévérencieux.

Il ne sort jamais de son palais si ce n'est pour aller deux fois l'an au temple du Ciel faire des prières et des sacrifices. Pendant la belle saison, il se rend tous les cinq jours au Ouan-Chéou-Chan, ce délicieux Palais d'Eté, pour se prosterner devant la vieille impératrice et lui faire le « Kôtô » de fils et de vassal. De sa capitale, il ne connaît ni ne voit rien. Sur son passage, les boutiques sont fermées : de grandes toiles bleues barrent les rues qui débouchent sur celle que suit le cortège impérial. Le souverain traverse des avenues désertes et mortes. La vie de Pékin s'arrête, disparaît, partout où va passer le Fils du Ciel. La rue qu'il doit suivre a été ratissée, les ornières ont été comblées ; sur la chaussée, le service de la voirie a fait répandre un peu de sable jaunâtre, — couleur impériale ! Etroitement calfeutré dans son palanquin, il ne peut guère distinguer la ville que sous l'angle étroit que lui permettent les petites ouvertures latérales et la baie antérieure de sa chaise à porteurs. Et les mandarins paraissent connaître à merveille cette question d'angle optique, car lorsqu'il s'agit de donner un coup de badigeon à la grande porte de Tsien, sous laquelle doit passer l'empereur pour se rendre au temple du Ciel, ils ne font pas mettre de peinture sur toute la hauteur de la voûte, mais seulement jusqu'au point précis auquel, de son palanquin, l'axe visuel du souverain peut s'élever.

Rien n'est triste comme le passage, par les rues de Pékin, du cortège impérial. Quelques cavaliers et des coureurs, sales, dépenaillés, le précèdent, criant : « Garez-vous ! » Personne ne doit se trouver sur la route du Fils du Ciel. Pas de musique, pas de notes éclatantes de cuivre. L'empereur et sa suite défilent, mornes, silencieux, tristes et minables. Un bel enterrement qui déambule par les rues est autrement gai, bruyant et pittoresque.

La vie de l'empereur est réglée depuis des siècles. Couché avec le soleil, il doit se lever avant le jour. Dès deux à trois heures du matin, les mandarins de service arrivent au palais, et dès quatre heures le souverain préside souvent le grand Conseil. Ses menus sont établis à l'avance, et il ne peut manger ce qui lui plaît. La date des primeurs est fixée, une

Fig. 10. — Le « sosie » de l'empereur.

fois pour toutes, mais toujours assez tard pour que
les astrologues en matière gastronomique ne puissent se tromper et « perdre la face » par des supputations erronées. Aussi, en général, quand arrive
pour l'empereur le moment de manger des petits
pois, ceux-ci sont déjà durs comme des balles de
fusil.

Il n'est pas jusqu'à la façon de soigner le souverain malade qui n'ait été réglée par les rites inflexi-
bles. L'empereur ne peut être vu par ses médecins.
Couché sur son lit, il passe ses bras à droite et à
gauche au travers d'un épais rideau. Sa figure reste
invisible. Chacun de ses esculapes s'empare d'un
poignet. Une minutieuse et sagace palpation le ren-
seigne sur l'état des soixante-quatorze variétés du
pouls impérial. Par ce seul moyen d'investigation,
il doit diagnostiquer la maladie de l'auguste client.
Bien mieux, les deux praticiens doivent, sans se
parler, arriver au même diagnostic. Leur différence
d'opinion se juge par des coups de bambou. Inutile
de dire qu'en bons collègues ils se sont à l'avance
arrêtés à une même opinion : la crainte de la bastonnade est, en Chine, le commencement de la con-
fraternité médicale.

L'instruction de l'empereur a été soignée : d'émi-
nents lettrés, les premiers pinceaux de la Terre
Fleurie, l'ont initié aux arcanes des classiques et
lui ont appris à tracer, d'une main habile et légère,
les imbroglios des caractères dans lesquels s'enche-
vêtre depuis quarante siècles la pensée chinoise,

sans pouvoir en sortir. Des « braves » lui ont inculqué les éléments de l'art militaire : tirer à l'arc, brasser de lourdes pierres, faire le pas de tigre. Ses connaissances des choses modernes et de l'étranger sont nulles ou à peu près. Il aurait, paraît-il, essayé d'apprendre l'anglais. En fait, il ne parle que le chinois et le mandchou.

Ses maîtres n'avaient pas le droit de lui faire de remontrances : le Fils du Ciel ne peut se tromper. Mais ils en faisaient à son « sosie », à qui ils prodiguaient force bourrades quand l'intelligence de Sa Majesté restait rebelle à la compréhension. Observations et corrections ainsi distribuées étaient, paraît-il, suffisantes pour engager Kouang-Sü à s'appliquer davantage (1).

(1) Si nous en croyons les renseignements tirés d'un journal chinois, publiés par M. Popov dans le *Messager de l'Europe*, novembre 1901, et traduits du russe par M. de Gennep, le jeune Pou-Tchoun, l'héritier présomptif — pendant quelque temps, et qui a été disqualifié par la Si-taé-Kou — n'aurait pas été traité de la même façon. « Grâce au manque de surveillance, dit le journal, et avec l'aide du premier eunuque, l'empereur héritier s'est gâté complètement et est devenu désobéissant. Ces derniers temps, il a perdu complètement la bienveillance de l'impératrice, et plusieurs fois a été puni du fouet pour sa bêtise naturelle, son entêtement et surtout son caractère bizarre et violent. L'un des courtisans s'est exprimé sur son compte de la manière suivante : « Il est dommage qu'un homme qui attend le trône impérial puisse se transformer en fils de roi en retraite. » Il n'est point doué pour l'étude, mais bien pour la musique ; dès qu'un musicien commet une faute, il lui fait aussitôt des remontrances ou bien court lui-même sur la scène et joue du tambour ou de la guitare.

III

Les appartements de l'empereur, que nous avons pu visiter après la prise de Pékin, sont situés dans la portion nord-ouest du palais, enfermés derrière un mur. On y accède par une élégante porte, dont les briques vernissées jaunes et vertes ont de chatoyants reflets au soleil couchant. Sur les montants de la porte, dans des écussons en briques de forme losangique, se tordent les dragons symboliques. L'entrée est bien. L'intérieur ne répond pas à l'aspect extérieur. Dès que vous pénétrez s'évanouissent les dernières illusions que vous aviez conservées sur le luxe et le faste asiatiques. C'est bien tenu, c'est même propre ; mais ça n'est ni imposant ni somptueux. De petites pièces assez basses sont réunies entre elles par des couloirs étroits et sinueux, véritable dédale de boyaux obscurs, aux pentes variables, facilitant faux pas et entorses.

La chambre à coucher de l'empereur est microscopique : un lit de camp, entouré de rideaux de gaze bleu pâle, en est le meuble principal. Ajoutons-y un piano très faux et surtout une accumulation prodigieuse d'objets disparates, de bibelots de camelote et d'un rare mauvais goût : vases, cornets, verres, flambeaux, boîtes, tout un assortiment de bric-à-brac de la foire de Neuilly. Mais on est surtout frappé par la profusion invraisemblable de pendules, réveils, coucous, de toutes sortes, formes et dimensions, à faire supposer qu'on se trouve dans une succursale de la Chaux-de-Fonds. N'oublions pas un nombre très respectable de boîtes à musique, phonographes et graphophones. Tous ces

Fig. 11. — Entrée du cabinet de travail de l'empereur.

objets variés et bizarres donnent à la chambre où ils se trouvent réunis par une fantaisie étrange et cocasse, moins l'aspect de l'appartement d'un souverain que la tournure d'une salle de mont-de-pitié ou d'une boutique de marchand forain. Peut-être que nombre de Célestes, pénétrant chez des globe trotters européens, ayant fait de nombreux achats de « vieilles et belles pièces » en Chine, feraient les mêmes réflexions que nous au sujet du rare mauvais goût — au point de vue chinois — qui aurait présidé à l'acquisition de nombre de broderies, porcelaines ou autres curiosités.

Le cabinet de travail est un long pavillon sans étage, bien éclairé de larges baies. Une immense carte du ciel en est le principal ornement : les phénomènes cosmographiques ne peuvent laisser indifférent l'empereur, Fils du Ciel.

Les abords des appartements de l'empereur sont minables. Des murs lépreux et ventrus, au plâtras jaune ou rouge écaillé, menacent de vous tomber dessus. C'est la ruine, la décrépitude. C'est d'ailleurs l'impression que donne un peu partout la Chine, tant physique que morale. L'herbe pousse entre les larges dalles de marbre des avenues et les moineaux et les pigeons ont élu domicile dans les salles du trône. Aux caissons des plafonds sont accrochés de nombreux nids, et une abondante et fertilisante couche de guano couvre le parquet sur lequel venaient jadis se prosterner devant le Fils du Ciel les ambassadeurs des souverains de Corée, d'Annam, du Cambodge, du Siam...

Le personnel ne manque pourtant pas, qui pourrait entretenir tout cela en parfait état de propreté et de conservation. Les trois mille eunuques du Palais pourraient, sans trop de fatigue, épousseter, récurer, repeindre kiosques, salles et couloirs. Mais ces messieurs ont mieux à faire. Jamais, sauf aux Indes, la division du travail n'a été poussée aussi loin. Chaque employé a son attribution, et il n'en sort pas : c'est un spécialiste. Et il y a tellement de fonctionnaires, sous-fonctionnaires dans la complexe administration du Palais que la surveillance s'effectue mal ; partant, le travail ne se fait pas. Les responsabilités rejaillissent en ricochets de l'un sur l'autre, s'atténuant à chaque passage et s'évanouissant sous le nombre incalculable des responsables.

Il n'est qu'une fonction dont s'acquitte à merveille l'entourage de l'empereur : toucher le pot-de-vin, ce que les Yankees appellent « pratiquer le squeeze », c'est-à-dire l'art de faire suer des sapèques aux choses et aux gens, même les moins susceptibles de contribution. On ne peut rien faire sans passer par l'intermédiaire des eunuques, et ils font payer grassement leur concours. Leur grand chef, Li-Louen-Yen, était autrefois une puissance (1). Favori de l'impératrice, quiconque voulait approcher le souverain devait commencer par l'acheter très cher. Et personne ne pouvait se soustraire à cet impôt, qu'il fût gouverneur, vice-roi ou membre du grand Conseil. Le palais est le plus grand centre de concussion qui se puisse rêver. Tout le monde vole le plus possible : l'exemple est, en l'espèce, donné par la Si-taé-Kou. Chaque fonctionnaire semble vouloir se rendre digne de ce ju-

____

(1) Et il serait, d'après les journaux, encore tout-puissant aujourd'hui.

gement porté sur un agent russe par un personnage de Tolstoï : « Tu voles trop pour ton grade ! » Et l'empereur est le plus volé dans son empire.

IV

Volé par l'impératrice, par ses ministres, par ses eunuques, Kouang-Sü l'a été par les alliés. Après la prise de Pékin, le palais fut déclaré une sorte de sacro-saint, dans lequel on ne pouvait pénétrer qu'en montrant patte blanche et avec permis signés, timbrés des autorités. La garde des portes, jalousement consignées, en fut confiée aux Japonais et aux Américains. Les gardiens se firent la part du lion, et lentement, sans bruit, vidèrent le palais de tout ce qui pouvait être emporté sans trop attirer l'attention. Seules, les pièces vraiment encombrantes ou sans grande valeur furent laissées en place. Nul doute que c'est son volume qui sauva le trône impérial : on aurait vu sortir cet énorme meuble laqué d'or. Sans quoi, si on avait pu le faire disparaître facilement, il serait aujourd'hui la propriété de quelque « roi » du nouveau monde, qui l'aurait payé un très gros prix.

La cour étant rentrée à Pékin, il faudra maintenant songer à regarnir le palais. Il sera facile de trouver à Chang-Haï des meubles et des articles anglais et allemands, au goût criard, étincelants de faux or, qui plaisent aux Chinois. Mais ce qu'on ne

remplacera pas, ce sont les collections d'objet d'art,
d'une rare beauté : jades, cristaux de roche, pierres fines, émeraudes, perles, qui ont pris le chemin

Fig. 12. — Dame tartare.

de l'Amérique et du Japon. Car l'Europe n'a rien
pris au palais : il a été « nettoyé » par l'autre hémis-
phère.

Ce remeublage de l'édifice impérial pourra être

une source de fortune pour les chercheurs d'affaires qui pullulent en Extrême-Orient. Autrefois, on ne voyait débarquer à Pékin que des marchands d'armes. Cette vente étant interdite, ils changeront leur fusil d'épaule. La concussion de l'entourage aidant, les pots-de-vin habilement distribués feront que des kilomètres de carpettes, des grosses armoires et de buffets, des centaines de tonnes de verres et cristaux seront expédiés à Pékin. Cette importation en excès sera, en cas de nouveau siège des légations, moins dangereuse que celle des Krupp et des Mauser. Et les marchands toucheront encore de bonnes commissions, les affaires ne se faisant guère, en matière de fournitures d'Etat, qu'à sept ou huit cents pour cent de bénéfice.

UNE AUDIENCE IMPÉRIALE (1)

Plus que jamais la Chiné attire l'attention de l'Europe. L'immense empire sera-t-il morcelé et les fragments seront-ils avalés par les nations de l'Occident, ou bien, comme pour la Turquie, la jalousie des grandes puissances européennes assurerat-elle l'intégrité de la Terre-Fleurie, qui depuis de nombreux siècles, pourtant, semble tomber en déliquescence et n'attendre qu'un dernier et léger coup de pouce pour la dégringolade finale.

L'empereur actuel, faible, malingre, peu développé physiquement, est une espèce de roi fainéant, prisonnier en quelque sorte dans son Palais, mené par ses ministres, mais surtout par l'impératrice mère — la *Si-taé-Kou* qui, par parenthèse, n'est que sa tante — une femme de tête, d'une rare intelligence, qui depuis plus de trente ans, préside aux destinées de l'empire.

(1) *Le Monde moderne*, 15 août 1900.

*
* *

Rien n'est plus difficile que de voir cet impérial captif. Ses sujets n'ont pas le droit de regarder sa face auguste et doivent se prosterner devant lui. Quand il sort par la ville, on ferme avec de grosses toiles bleues toutes les rues débouchant sur celle que doit suivre le cortège ; on applique les volets sur les devantures des magasins. La vie de la rue s'arrête, disparaît, là ou passe le Fils du Ciel.

Ses promenades sont peu variées et l'empereur ne connaît pas du tout sa capitale. Il ne sort guère de son Palais. Deux ou trois fois par an, il se rend en grande pompe au temple du Ciel, situé dans le sud de la ville chinoise, pour accomplir des sacrifices et des prières. Tous les cinq jours pendant la belle saison, il va au Palais d'été présenter ses respects à l'impératrice mère, se prosterner devant elle, lui faire un *kôtô* de fils et de vassal.

Chaque sortie est dès la veille, officiellement annoncée au corps diplomatique, par une lettre du Conseil des affaires étrangères, le Tsoung-li-Yamen. Les représentants des nations européennes sont informés — et partant invités — à ne pas se trouver sur le passage du cortège impérial, pour éviter toutes sortes d'ennuis avec les soldats de l'escorte qui pourraient exiger ou essayer d'exiger

de l'Européen qu'il fît, comme tout Chinois doit
le faire, la génuflexion au Fils du Ciel. Deux ou
trois fois, il m'est arrivé de m'engager dans une

Fig. 13. — Le Temple du Ciel.

rue que devait suivre le palanquin de l'empereur.
Déjà les magasins étaient fermés, les toiles tendues
devant les rues ; un peloton de cavaliers fondait
sur ma voiture, menaçant et gesticulant. Mais la

vue d'un « diable étranger » calmait l'ardeur de ces vaillants guerriers, dont le chef, poliment, me priait de me hâter de m'engager dans une rue voisine, si je ne voulais pas m'exposer à me trouver face à face avec son auguste souverain.

Les membres du corps diplomatique sont les seuls qui aient eu l'occasion de voir l'empereur, aux audiences qu'il leur accorde, pour le nouvel an, en général.

* * *

L'empereur reçoit le corps diplomatique, non le premier jour de l'année chinoise, mais deux ou trois semaines plus tard — entre le 15 et le 20 de la première lune. — Les vingt premiers jours de l'année sont de haute festivité. Tout s'arrête. La Chine se repose et s'amuse. Les sceaux de l'Etat sont enfermés dans leur caisse. On ne parle plus d'affaires politiques et on estime, en haut lieu, qu'il n'y a pas de raisons d'interrompre cette période de réjouissances pour accorder une audience aux ministres étrangers désireux d'offrir au Fils du Ciel les vœux de bonne année des souverains et des chefs d'Etat qu'ils représentent en Chine. Cette audience est précédée de la visite des membres du Tsoung-li-Yamen au corps diplomatique à l'occasion du nouvel an européen.

Dix-huit ou vingt membres des divers ministères composant le Conseil des affaires étrangères participent à cette visite. Fractionnés en trois pelotons de six à huit personnes, ayant chacun comme chef l'un des membres les plus influents du Tsoung-li-Yamen — prince Koung, prince Tching, Li-Houng-Tchang, — ils viennent à tour de rôle, de demi-heure en demi-heure, porter leurs souhaits de bonne année dans chaque légation. La réception est une collation. Ces messieurs sont reçus, non dans les salons, mais dans la salle à manger. Une table est dressée, tout le monde s'assied. On offre du thé, des gâteaux, du champagne et des bonbons. On parle de la pluie et du beau temps ; on porte des toasts banalement officiels et tout le monde se retire, en bon ordre, cédant la place à un nouveau groupe.

Chaque année, ces réceptions perdent de leur originalité, tant les ministres de l'empereur s'européanisent. En 1895, mes amis et moi fûmes vivement intéressés par la quantité vraiment prodigieuse de sucreries, gâteaux, bonbons, que les membres du Tsoung-li-Yamen empilaient dans leurs assiettes et nous nous demandions, avec un certain étonnement, comment ils pourraient, en quelques instants, les ingurgiter. Nous ne savions pas à ce moment que l'invité du *Bal de l'Hôtel de Ville* de Mac-Nab n'était qu'un vulgaire plagiaire des grands mandarins chinois.

> Comm' on peut pas tout
> Licher en un coup,
> J'en ai mis plein mes poches...
> Quand on a du cœur,
> On pense à sa sœur,
> A sa femme, à ses mioches !

Nous les vîmes en effet tirer, qui de sa manche, qui de sa botte, un morceau de papier ou un chiffon servant de mouchoir, pour envelopper les friandises, destinées aux mères et aux enfants. Or, le même jour, ils visitèrent dix ministres européens. Chacun de ces messieurs dut le soir, en rentrant, rapporter quelques kilos de bonbons à sa famille.

Les audiences du nouvel an sont maintenant facilement accordées au corps diplomatique. Il n'en a pas toujours été ainsi. J'ai eu la chance de me trouver à la première réception du corps diplomatique dans le *Palais même*. La question de l'audience, en question depuis plus de vingt ans, venait enfin d'avoir une solution.

Cette question de l'audience vaut qu'on s'y arrête un peu. Les légations européennes commencèrent à s'établir à Pékin après que le canon du corps anglo-français eut ouvert les portes de la mystérieuse capitale, en 1860. Douze ans plus tard seulement, en 1873, l'empereur se décida à recevoir les ministres étrangers. La cérémonie eut lieu à cinq heures du matin, dans un pavillon situé en dehors du Palais et spécialement affecté aux audiences accordées par le Fils du Ciel aux envoyés des rois et vassaux, souverains de l'Annam, du Siam, de Corée.

Aux yeux des Chinois, les diplomates étrangers n'étaient reçus par l'empereur que pour faire acte

Fig. 14. — Vue extérieure de la salle du trône.

de vassalité et ce sentiment se trouve parfaitement traduit par l'extrait suivant de la *Gazette de Pékin*, qui est l'*Officiel*, relatant cette cérémonie :

« Les ambassadeurs de plusieurs royaumes ayant demandé une audience impériale voulaient entrer en palanquin par la porte *Tay-Ho-Men*, monter au Palais avec leur épée et même demandaient que l'empereur descendît de son trône pour rece-

voir, de ses propres mains, les lettres qu'ils avaient
à remettre de la part de leur souverain. *O ien-Siang*, entendant cela, jette sa tasse à terre, la
brise en mille morceaux et d'un air sévère s'oppose
à de telles prétentions.

« Enfin, on convient que le 6 de la 6ᵉ lune, ils
pourraient voir l'empereur dans la salle dite Tse-kouang-Kô. La veille, ils allèrent au Tsoung-li-Ya-men pour s'y exercer aux cérémonies. Mais ils le
firent avec un dédain arrogant, au milieu des rires
et des plaisanteries, sans attention et n'y mettant
aucune bonne volonté. Le jour fixé arrivé, la garde
Chanky, revêtue de ses plus beaux insignes, se
tenait à la porte *Si-Ouan*, le sabre dégainé. Alors
les représentants des six royaumes de France,
Amérique, Angleterre, Russie, Prusse, Hollande, en
tout douze hommes, à qui l'on permit de porter
l'épée, étant conduits par les grands mandarins du
Tsoung-li-Yamen, entrèrent par la porte *Si-Ouan*.
Mais à mesure qu'ils avaient franchi la porte, elle
était aussitôt fermée par un cadenas. Etant parve-nus au bas de la salle, les grands mandarins leur
en firent monter les degrés et les introduisirent de-vant l'empereur, assis sur son trône, qu'ils saluè-rent, non à genoux, mais seulement par une incli-nation de tête. A côté des marches du trône était
placée une table jaune, près de laquelle les ambas-sadeurs se tenant debout, devaient, chacun, à leur
tour, lire les lettres de leur souverain.

« Le ministre d'Angleterre commença le premier.

Mais à peine avait-il prononcé quelques mots qu'il se mit à trembler de tous ses membres. Vainement l'empereur l'interroge et demande si son souverain se porte bien. Pas de réponse. L'empereur ajoute : « Souvent vous avez demandé à me voir, qu'avez-vous à me dire ? » Encore pas un mot de réponse ne put sortir de la bouche du ministre. Les autres viennent à leur tour, mais ils sont également saisis d'une telle crainte, qu'ils laissent plusieurs fois tomber à terre les lettres de leurs mains, ne pouvant ni lire, ni prononcer une parole. Alors le prince Koung, riant et se moquant d'eux, les appelle *poules qui couvent*, c'est-à-dire terribles et fanfarons de loin, mais sans force devant ceux qui ne les craignent pas. Puis il ordonne aux gens du Palais de les prendre par le bras pour les aider à descendre. *Mais les ministres étaient tellement effrayés, qu'ils ne purent remuer les pieds et, haletants, couverts de sueur, ils s'assirent à terre.* Invités au festin, ils ne purent s'y rendre. Mais ahuris et hors d'eux, ils retournèrent chacun à leur logis. Le prince Koung leur dit alors : « Ne vous avais-je pas dit que ce n'est pas une bagatelle de voir l'empereur ? Vous ne vouliez pas me croire. Aujourd'hui, vous savez ce que c'est ! » Nous, Chinois, nous appelons de tels hommes des *plumes de poules qui couvent*, c'est-à-dire quoiqu'elles se hérissent, elles ne sont pourtant que des plumes, mot de moquerie qui a cours dans tout l'empire, pour désigner des hommes futiles. Cependant, il faut noter que lors de cette audience, le trône impérial n'était entouré d'aucune pompe : quelques gardes seulement se tenaient auprès. Aussi ces ambassadeurs eux-mêmes ont-ils avoué qu'il y avait certainement dans l'empereur une vertu divine : d'où cette crainte et ce tremblement qu'ils ont éprouvé alors même qu'ils ne regardaient pas Sa Majesté (1). »

De 1873 à 1895, les ministres étrangers qui furent individuellement reçus par l'empereur ne virent ce dernier que dans la *salle des Tributaires*, dont il vient d'être parlé. Jamais les ministres de France qui se sont succédé à Pékin depuis 1873 n'avaient consenti à se plier à cet acte de vassalité qu'ils considéraient comme impolitique et surtout peu digne du pays qu'ils représentaient. C'est à M. Gérard, notre ministre actuel à Bruxelles, que le corps diplomatique doit d'avoir été reçu par l'empereur dans le Palais même. M. Gérard fut le premier ministre européen à avoir cet honneur, en novembre 1894, lorsqu'il remit au Fils du Ciel la lettre de M. Casimir-Périer lui notifiant son élection à la présidence de la République.

*
* *

La première audience générale du corps diplomatique dont je vais parler fut, pour ce dernier,

______

(1) Traduit dans l'*Écho de Chine* (Chang-Haï), 1899.

un gros événement, qui fit couler bien de l'encre et qui ne s'effectua pas sans soulever de nombreuses difficultés — vraiment des chinoiseries — bien faites pour étonner les « barbares d'Occident ». Une première objection leur fut faite tout d'abord, relative au nombre de personnes dont chaque ministre pourrait être accompagné. Les Chinois voulaient le restreindre à son minimum. Et à ce sujet, il me revient en mémoire une anecdote assez suggestive au sujet du personnel de la légation de France et qui nous permet de juger en quelle estime l'élément militaire est tenu par les Célestes.

M. Gérard avait demandé d'être accompagné, en outre de son secrétaire et de son interprète, par deux officiers : l'attaché militaire et le médecin de la légation. Les Chinois refusèrent tout d'abord. « Cependant, leur dit M. Gérard, votre attaché militaire voit bien le président de la République ? — C'est possible, mais il sert également à table chez notre ministre à Paris ! »

La question du personnel une fois tranchée, se présenta celle de la porte par laquelle passerait le corps diplomatique pour se présenter devant l'empereur. Trois grandes portes donnent accès dans la salle du Trône. Celle du milieu est réservée aux souverains et princes du sang. Celle de gauche (la gauche est la place d'honneur), aux grands personnages et fonctionnaires de très haut rang ; celle de droite pour le *vulgum pecus*. Le Tsoung-li-Yamen avait décidé de faire passer le corps diplomatique

7

par la porte de gauche. Celui-ci refusa. La chose
traîna un certain temps. Enfin deux parlementaires
furent envoyés aux Affaires étrangères, les ministres
de France et d'Allemagne, avec mission catégo-
rique d'expliquer aux Chinois que, représentants
directs de souverains et de chefs d'Etat, ils devaient,
comme ces derniers, passer par la porte centrale,
sans quoi ils n'auraient pas l'honneur de se présenter au Fils du Ciel. Et les Chinois durent céder.

Ils cédèrent encore sur d'autres questions qui
leur tenaient pourtant bien à cœur : le droit laissé
aux diplomates de garder leurs besicles pour regarder le souverain, celui de conserver leur épée dans
la salle du trône !

*

* *

Le 15 janvier 1895, l'empereur reçut, pour la
première fois, le corps diplomatique dans son Palais, par un jour gris, triste et neigeux. La cérémonie était fixée pour midi. Dès onze heures, les ministres et leur personnel quittaient, en chaise à
porteurs, leur légation, précédés d'une nombreuse
domesticité à cheval et escortés par quelques mandarins. Ce déploiement anormal de chaises etait
bien fait pour attirer l'attention des Chinois qui,
depuis deux jours au moins, avaient été informés
par la *Gazette de Pékin* de la réception accordée par

le Fils du Ciel aux représentants des nations occidentales. Certainement, en leur for intérieur de bons Célestes, ils en concluaient que tous ces « barbares » allaient se prosterner — faire le *Kôtô* — devant leur auguste souverain.

Fig. 15. — Quelques eunuques du palais.

Le Palais et ses dépendances forment une véritable cité — la ville Interdite — entourée de murs crénelés, enveloppée d'un large fossé, au milieu de la ville Impériale, laquelle est elle-même placée au centre de la ville tartare où se trouvent les habitations des Européens.

Parties de la légation de France, nos chaises s'engagent à la file indienne, dans la rue de la

Douane, remontent directement vers le nord, puis brusquement se jettent à gauche, pour franchir la porte Est de la ville Impériale. Une haute et large avenue, surélevée de un mètre environ au-dessus de la chaussée, nous conduit à la porte de la ville Interdite. Une foule sale, curieuse, étonnée, un tantinet gouailleuse, se presse sur le passage du cortège, jetant dans chaque chaise un regard indiscret, jugeant de la situation plus ou moins importante du diplomate qu'elle renferme, d'après l'aspect de la corpulence de ce dernier. Et à ce sujet, je me souviens du murmure d'admirative stupéfaction qui se produisit quand mon ami de S... — presque un colosse — sortit, imposant, de sa chaise « Oh ! pour sûr, celui-là, c'est un ministre ! »

Un fort détachement de policemen, simplement armés d'un petit bâton, contient cette foule. Çà et là, aux agents de police sont mêlés quelques *soldats tigres* de la garde impériale, dont le costume revêt l'apparence de la peau du félin et dont l'armement consiste en un mauvais sabre et un large bouclier sur lequel grimace une énorme tête de tigre, rouge, jaune et verte, qui doit terroriser l'ennemi. Son effet aurait été, d'ailleurs, assez négatif sur les troupes japonaises, à la bataille de Pin-yang, en Corée.

Au devant de la haute porte à trois étages de toitures de la ville Interdite, se trouve une sorte d'esplanade entourée d'une grille en bois. C'est là que s'arrêtent les chaises à porteurs. Les ministres plénipotentiaires et envoyés extraordinaires des souverains et chefs d'Etat d'Europe et d'Amérique ne sont pas jugés, par l'empereur, dignes de franchir en palanquin l'enceinte de sa ville.

Chaque légation se groupe autour de son chef de mission. Puis, conduite par un mandarin d'un haut grade, elle franchit *à pied* la porte de la ville Interdite. Celle-ci est à peine traversée, que tout ce qui nous reste d'illusions sur le soi-disant luxe asiatique s'évanouit. Nous sommes dans une immense cour. En face de nous, à droite, de hauts pavillons profilent dans le ciel les lignes élégantes de leurs toitures relevées, aux tuiles jaunes, d'un si charmant effet par un temps de soleil. Mais, dès qu'on avance, on se rend très bien compte de la décomposition lente et progressive qui depuis des siècles ronge la Chine. L'herbe pousse sur les toits ; les murs enduits de couleur rouge, s'effritent ; les peintures polychromes qui décorent les colonnes des pavillons et le chapiteau des toitures ont, sous l'influence des ans, été transformées en poussière et forment un enduit sale et grisâtre. Mais cette ruine laisse pourtant une impression poignante de grandeur passée et il nous est facile de comprendre l'enthousiasme des premiers missionnaires jésuites qui, il y a près de deux cents ans, furent admis à la Cour de Pékin, et en décrivirent les merveilles.

De nombreux groupes de Chinois, employés du Palais, porteurs de chaises, eunuques aux costumes rouges, d'une saleté rare, stationnent dans la cour que nous traversons. Des mandarins militaires, plus ou moins bien alignés — moins plutôt — forment la haie sur la route que nous suivons. De la main gauche, ils tiennent leur sabre au fourreau en peau de requin verte et inclinent légèrement le corps en avant, en signe de respectueuse condescendance. Nous approchons d'une porte assez basse, percée dans un mur jadis rouge. Là, nous trouvons quelques figures de connaissance, des membres du Tsoung-li-Yamen venus à la légation de France la semaine dernière. Des saluts à l'européenne avec serrements de main, à la chinoise avec des *Tchin-tchin* sont prodigués. Guidés par ces messieurs, nous tombons dans une cour étroite, sur laquelle donnent des bâtiments délabrés, aux fenêtres de papier déchiré et dont les boiseries n'ont, depuis belle lurette, connu le luxe du revivifiant coup de pinceau. C'est là que se trouve le pavillon d'attente composé de trois pièces : un vestibule central et deux chambres latérales. Tout y est d'une simplicité de décor qui frise la misère. Les gros bonnets du Tsoung-li-Yamen sont là, avec leurs plus somptueux habits de cérémonie. On fume, on boit du thé, on parle de la pluie et du beau temps, et peu à peu, tout le corps diplomatique finit par se trouver au complet. Deux ou trois mandarins procèdent alors à une numération soignée des invités, chaque légation ayant, depuis deux jours, fourni le chiffre exact des membres de son personnel devant figurer à cette cérémonie. Cette vérification faite, on nous invite à quitter la salle d'attente, non pour nous rendre auprès de l'empereur, mais pour aller faire antichambre dans de petites tentes bleu de roi, dressées à cet effet, et dans lesquelles, par catégories, ministres, secrétaires, interprètes, le corps diplomatique est provisoirement parqué. De nombreux Chinois viennent curieusement regarder par de petites fenêtres, en forme de hublots, les diables étrangers qu'ils n'ont jamais vus si nombreux et surtout en pareil déguisement.

Midi ! L'heure de l'audience est arrivée. Le corps diplomatique est fractionné en plusieurs pelotons — ministres, secrétaires, attachés militaires, interprètes, conduits chacun par deux ou trois mandarins — et se met en route pour la salle du Trône, au milieu d'une double haie d'officiers chinois.

Nous gravissons une douzaine de larges gradins, traversons un vaste hall et devant nous se dresse le *Temple des Fleurs de la littérature* qui est pour le moment la salle du trône. Ce pavillon ne présente, au point de vue architectural, rien de spécial : il est comme tous les pavillons chinois, toitures avec tuiles jaunes, colonnes rouges, fenêtres en papier, le tout fort mal entretenu. Le haut terre-plein en maçonnerie nous conduit du hall à la porte centrale de la salle d'audience.

A mesure que les divers groupes étrangers pénètrent, ils font trois profondes révérences à l'empereur, puis se placent sur neuf rangs au pied du trône.

L'empereur y est déjà assis. Sa physionomie est douce, triste et maladive. Il a l'air intéressant d'un jeune malade. Il se tient la tête légèrement inclinée à gauche et paraît fort surpris de ce déploiement d'uniformes, cordons, crachats, panaches et broderies. Un silence profond et un froid intense règnent dans la vaste salle.

Le trône — ou ce que nous appelons ainsi — se compose d'une estrade haute de 1 m. 50, à laquelle trois escaliers donnent accès. Une table recouverte de soie jaune sur laquelle sont déposés quelques objets, une boîte en cloisonné, un morceau de cristal de roche, se trouve au milieu. L'empereur est assis derrière. Un paravent en triptyque, en bois laqué, d'un joli travail, sert de fond. A droite et à gauche, deux grands éventails en plumes de paon.

L'empereur est flanqué de deux princes, qui se tiennent debout, dans une immobilité de statue.

Le costume du souverain est fort simple et ne rappelle que de très loin celui que l'imagination fantaisiste de nos journaux illustrés d'Europe s'est plu à lui prêter. La robe est de soie bleu prune ; sur la poitrine et au niveau des épaules, des broderies circulaires ; sur la tête, un chapeau de zibeline surmonté d'une torsade de soie rouge.

Le ministre d'Amérique, alors doyen du corps diplomatique, prononça le discours d'usage : une série de bonnes et courtoises banalités sur les bons rapports de la Chine avec les puissances voisines, des vœux pour sa prospérité future, d'autant plus

Fig. 16. — Le trône impérial.

nécessaires que les Japonais étaient en train de rosser les Chinois d'importance. Ces bonnes paroles, malheureusement, ne pouvaient parvenir au souverain que par un double canal d'interprètes.

En effet, la harangue du doyen est traduite en chinois par le plus ancien des interprètes européens, au prince Koung, oncle de l'empereur. Celui-ci gravit les marches du trône, s'agenouille à la gauche de son illustre neveu, et lui traduit à son tour, en langue mandchoue, le discours chinois qu'il vient d'entendre. L'empereur écoute d'une oreille attentive et incline doucement la tête quand son interprète a fini. A son tour, il remercie en langue mandchoue et transmet ses souhaits de bonne année à tous les souverains et chefs d'Etat représentés en Chine. Son discours sera, à son tour, traduit en chinois par le prince Koung, et le compliment chinois parviendra aux oreilles diplomatiques traduit, à son tour, en français.

La cérémonie est finie. Tout le monde se retire, en exécutant trois profonds saluts, puis la sortie se fait par la porte de gauche. On gagne les premières salles d'attente. On y reste cinq minutes, le temps de fumer une cigarette et de boire une tasse de thé, puis on s'achemine à la hâte vers les palanquins, car il est une heure, c'est-à-dire le moment de déjeuner.

*
* *

Cette première réception eut un certain caractère, non pas de grandeur, mais de dignité, que les
audiences suivantes ont de moins en moins présenté, autant que j'ai pu en juger par les cinq audiences auxquelles il m'a encore été donné d'assister. La dernière eut lieu en mai 1898 et mérite d'être
signalée à certains points de vue, car pour qui
connaît les Chinois, elle était l'indice d'une pro-
fonde perturbation dans les idées jusque-là reçues.
Notre ministre, M. Pichon, récemment arrivé à Pékin, devait y présenter ses lettres de créance à
l'empereur. Jusqu'au moment de l'entrée dans la
salle du trône, le cérémonial fut ce qu'il avait toujours été. Mais quand le ministre eut fait ses trois
saluts, au lieu de s'arrêter aux pieds du trône et de
faire, de là, son discours, il fut invité à gravir les
gradins de l'estrade, avec mon ami Leduc, son premier interprète, et à se placer devant la table derrière laquelle se tenait assis l'empereur. Celui-ci
portait les insignes de la Légion d'honneur, fait
d'autant plus intéressant à signaler, que jusqu'ici
il n'avait encore mis aucune décoration étrangère.
Le discours de M. Pichon achevé, M. Leduc le
traduisit en chinois et s'adressa directement à l'empereur : la traduction mandchoue était supprimée.
Le souverain avant de répondre, demanda tout

d'abord, en chinois, au ministre de France, s'il avait de bonnes nouvelles du président de la République, le priant de lui transmettre ses compliments, puis, tirant de sa manche un bout de papier, il lut lui-même, en langue chinoise, le petit discours qu'il avait composé et écrit de son impérial pinceau.

La nouvelle que M. Pichon avait été invité à monter sur l'estrade où trônait l'empereur, le petit colloque entre le souverain et le ministre de France, firent une sensation énorme dans le milieu diplomatique de Pékin, et tous les ambassadeurs écrivirent sur ce fait — au fond sans grande importance — de longues dépêches à leur gouvernement.

*
* *

Le lendemain de l'audience, l'empereur offre, dans une salle du Tsoung-li-Yamen, un banquet au corps diplomatique, banquet auquel il n'assiste pas : il y est représenté par un des princes de sa famille. Ces banquets ont, de plus en plus, subi l'influence européenne et on ne peut que s'en féliciter. Le déjeuner de 1895 avait été tout à fait chinois : menus écrits en langue chinoise, baguettes au lieu de fourchettes, serviettes en papier, et des plats et des plats à n'en plus finir ; tout ce que l'art culinaire avait de plus recherché et de plus succulent nous fut servi : nids d'hirondelles, holothuries, ai-

lerons de requins, palmes de canards, que sais-je !
D'européen, il n'y avait que de mauvais vins, des
verres grossiers et sales, des fourchettes en argent
pur, dont les branches se tordaient comme des fils,
et des serviettes de toile bleue de Manchester qui
coloraient d'une façon intense les téguments de la
figure des imprudents convives qui s'en essuyaient
la bouche.

Le repas dura plusieurs heures, dans une immense salle, bâtie tout exprès avec de larges pan-
neaux vitrés, et dans laquelle la température était
voisine de zéro. Aussi tous les invités avaient-ils
gardé pelisses et chapeaux.

Une grande révolution s'est opérée pour le banquet de 1898 : l'adoption d'un service et d'un menu
européens. Un célèbre mandarin avait été chargé de
s'entendre avec le directeur de l'hôtel français de
Pékin. Les conditions furent, paraît-il, avanta-
geuses pour les deux parties. Notre compatriote
était très largement payé : on lui assurait l'entreprise de tous les banquets officiels. Mais lui, à son
tour, s'engageait à faire pour rien — vins non compris — les dîners que le susdit mandarin pourrait,
de temps à autre, offrir aux diplomates étrangers.

Le menu était parfait et les invités s'en trouvèrent fort bien. Le Tsoung-li-Yamen paya grassement et poussa même la délicatesse jusqu'à confé-
rer au restaurateur la cravate de l'ordre impérial
du double Dragon qui, par une heureuse coïnci-
dence, se trouve être justement un cordon bleu.

CHEZ L'IMPÉRATRICE DOUAIRIÈRE
DE CHINE (1)

Rien de plus naturel, en Europe, que de voir les femmes des ambassadeurs et chefs de mission être reçues par la souveraine du pays où leurs maris sont accrédités. En Chine, il n'en est pas de même, et l'événement ne s'est produit que deux fois — l'année dernière et cette année. A quel mobile obéit l'impératrice douairière quand elle inaugura ces audiences ? Elle n'en eut sans doute pas d'autre que la curiosité de voir de près des Européennes en grande toilette.

Toutes les « ministresses » s'étaient réunies à la légation d'Angleterre : la sympathique lady Mac-Donald est en effet la doyenne — par ancienneté de séjour à Pékin, j'entends — de ces dames. La France était représentée par une jeune femme charmante, la baronne d'Anthouard, remplaçant Mᵐᵉ Pichon, à ce moment-là au Tonkin avec le ministre de France.

(1) *L'Illustration*, 27 juillet 1900.

A 10 heures du matin, un imposant cortège de quinze chaises — neuf dames et six interprètes — portées chacune par quatre solides gaillards, se mettait en route. Le mur d'enceinte crénelé de la ville impériale franchi, il fallut marcher longtemps encore, pour arriver à la salle d'audience où, d'ailleurs, les chaises de ville n'eurent point accès. Parvenues, en effet, devant le fameux pont de Marbre, les dames quittèrent leur palanquin, pour monter dans les chaises rouges des princesses du sang et furent transportées jusqu'à un élégant et coquet tramway — don de l'ancien syndicat industriel français qui a fait Port-Arthur — tendu de satin vert d'eau et traîné par des eunuques.

Le doyen du corps diplomatique, don Bernardo de Cologan, ministre d'Espagne, qui avait conduit jusque-là le cortège, fut à ce moment prié de s'arrêter dans une pagode, pour y attendre le retour de ces dames, en compagnie d'un eunuque, de quelques assiettes de fruits confits et de graines de nénuphar et de nombreuses tasses de thé.

Cependant le tramway déposait les invitées de l'impératrice devant un petit pavillon servant de salle d'attente, où elles furent reçues par le prince Tsing, oncle de l'empereur et les hauts dignitaires de l'empire.

Au bout de dix minutes, Sa Majesté fit savoir à ces dames qu'elles pouvaient se présenter. Elles traversèrent une cour d'honneur à pied, chacune d'elle soutenue, par le coude, par une princesse, signe de haute déférence. Sur une estrade, à laquelle trois ou quatre marches donnaient accès, se trouvait une table recouverte d'une draperie jaune. L'impératrice était assise derrière. A côté de la table, à gauche, était l'empereur qui, au premier

Fig. 17. — Le Palais d'Été, résidence de l'impératrice.

abord, avec sa figure tirée, ses traits d'enfant souffreteux, ses grands yeux timides et curieux à la fois, donnait moins l'idée de l'autocrate du plus vaste empire du monde, que celle d'un petit potache mis en pénitence sur sa chaise par une maman à poigne.

L'impératrice a grand air. « Sa figure, me disait Mme d'Anthouard, est fort énergique et distinguée. Ses traits sont fins, presque européens. Son teint est légèrement foncé ; elle n'use pas du fard et des couleurs voyantes chères à l'élégance chinoise. Ses yeux pétillent d'intelligence. Sa coiffure est celle des femmes mandchoues ; elle n'a point cet air de cruauté que certains voyageurs, qui ne l'ont jamais vue, lui prêtent volontiers dans leurs fantaisistes récits. Elle paraît plutôt aimable. De petite taille, mais grandie par la chaussure tartare à très haute semelle, elle porte un costume merveilleux : une robe à fond jaune, tissée comme nos Gobelins, doublée de zibeline. Ses bijoux sont de premier ordre et toutes ces dames ont surtout admiré un collier de perles, unique au monde peut-être, don de l'empereur de Russie. »

Dès qu'elles ont pénétré dans la salle du trône et pris place, en ligne, devant Sa Majesté, toutes les dames exécutent un profond salut, puis lady Mac-Donald, s'avançant de quelques pas, fait, en français, son compliment à l'impératrice. Celle-ci répond en mandchou, non à la doyenne, mais au prince Tsing, qui traduit en chinois cette réponse, laquelle est, ensuite, traduite, en français, par le doyen des interprètes. Alors chaque dame, à son tour, monte sur l'estrade, salue l'empereur, lui serre la main, puis s'incline devant l'impératrice, qui lui prend la main et lui passe au doigt une bague, un bijou chinois en or, d'un travail grossier, représentant une chauve-souris, signe du bonheur, et surmontée d'une assez belle perle. Pour redescendre de l'estrade, chaque dame est, dans l'escalier, soutenue, toujours par le coude, par un des grands mandarins du Palais.

De la salle du trône, accompagné par les princesses, le cortège se rend à la salle du festin, où est servi un repas chinois des plus succulents pour un Céleste, mais aux arômes trop violents pour l'odorat de nos charmantes Européennes. L'impératrice n'assiste pas au banquet.

Ce repas, auquel beaucoup d'invitées n'ont touché que du bout des lèvres, à peine terminé, on passe dans un petit salon où se trouve Sa Majesté, et la conversation s'engage par l'intermédiaire des interprètes. L'impératrice examine soigneusement — véritable revue de détail — les costumes, les coiffures et surtout la dimension des pieds et des mains de ses invitées et les prie bientôt de passer à la salle de théâtre où une représentation spéciale a été organisée à leur intention.

La petite fête dura deux heures, deux heures de musique assourdissante, qui faisait moins penser à du Wagner qu'à l'atelier d'un ferblantier. L'impératrice qui, au début, se tenait dans sa loge, vint au parquet rejoindre ses invitées et leur offrir, comme porte-bonheur, quelques petites courges sèches, de 8 à 10 centimètres de longueur.

Au sortir du théâtre, une collation fut encore servie, puis, avec force compliments, congé fut pris de Sa Majesté qui annonça à ces dames qu'elle allait leur envoyer chez elles des cadeaux.

Ceux-ci arrivèrent le lendemain: rouleaux de soie superbe, de brocart d'or, mais tellement criards de teinte qu'ils seraient inutilisables en Europe : tableau peint à l'encre de Chine par l'impératrice elle-même, et orné d'une dédicace et d'une signature ; enfin une collection de vingt-sept peignes de toutes formes et grandeurs.

LE CHEMIN DE FER (1)

L'ordre paraît rétabli dans le nord de la Chine...
Les armées alliées sont rentrées, sans avoir pu
cueillir les lauriers dont elles espéraient faire une
ample moisson. La vie va reprendre son train-train
habituel dans le Petchili, et le chemin de fer se re-
mettra à marcher, comme aux beaux jours, c'est-à-
dire avant l'intervention violente des « Boxeurs ».
Combien de temps cela va-t-il durer ?

Des télégrammes venus de Chine nous ont annoncé qu'on réparait hâtivement les lignes détruites
naguère par les Boxeurs, à l'ouest de Péking, afin
que la Cour pût se servir de confortables wagons
pour regagner la capitale qu'elle avait abandonnée
en toute hâte, il y a un an, dans le plus grand désar-
roi, en palanquins et en charrettes. La prévenance
semble superflue, et sans doute il se passera de
longs mois avant que le Fils du Ciel mette le pied en
chemin de fer. Et quant à la vieille douairière, la
fameuse Si-taé-Kou, consentira-t-elle jamais à se

(1) *L'Illustration*. 30 novembre 1901.

servir de « voitures traînées par le dragon de feu » ?
En tout cas, jusqu'aux derniers événements, elle
n'avait pas voulu en faire l'expérience encore, bien
que, depuis 1886, elle possédât en propre une petite
voie ferrée dont lui avait fait cadeau l'ancien syn-

Fig. 18. — Troisième classe.

dicat français de Tien-Tsin et qui allait du Palais
d'Eté à mi-chemin de Péking. Pas une fois Sa Majesté ne permit que la locomotive fût attelée aux
élégants wagons capitonnés de jaune ou de bleu
pâle. Ce nouveau mode de traction l'inquiétait, et
elle eut toujours recours à des moteurs plus sûrs et
plus dociles à sa volonté : des eunuques poussèrent
et traînèrent sur les rails l'impériale voiture.

Etait-ce crainte, ou respect des traditions ? Les deux peut-être. Mais surtout respect des rites et habitudes. Elle qui incarne la « Vieille Chine » peut-elle, sans mentir à ses principes et sans « perdre la face », suivant la locution chinoise, se faire véhi-

Fig. 19. — Truc à bagages et domestiques.

culer dans ces inventions des « diables des mers d'Occident » ?

Le chemin de fer est donc toujours très mal vu en haut lieu et ne pénètre en Chine que parce qu'il a été imposé de force par l'Europe. Pendant qu'ici l'on nous annonçait que la Chine s'arrachait enfin à sa torpeur, parce qu'elle commençait à installer des voies ferrées et des fils télégraphiques, la *Ga-*

zette de Péking — le plus intéressant livre de psychologie chinoise qui se puisse consulter — publiait des notes relatives au chemin de fer dans le style suivant : « Le censeur Hou a adressé un rapport au trône dans lequel il s'élève contre l'adoption des chemins de fer, invention des étrangers. Au lieu de dépenser des sommes énormes pour ces voitures de feu, ne vaudrait-il pas mieux employer cet argent en recherches pour tâcher de découvrir le procédé des chars aériens traînés par les phénix dont parlent les classiques ? » O Renard ! Krebs ! Lilienthal, Santos-Dumont, qui croyez avoir trouvé quelque chose de neuf ! Voyez donc : des centaines de siècles avant vous, les Célestes avaient, peut-être, pénétré les mystères de cette aviation qui vous obsède... Par malheur, ils ne les ont pas transmis à leur postérité !

L'état d'esprit que révèle ces lignes du censeur Hou est celui de tous les hauts dignitaires. Tout comme M. Thiers, jadis, les grands mandarins, tant qu'ils n'ont pas été forcés de se rendre à l'évidence, ont hésité à croire aux chemins de fer, à leur possibilité, ont lutté de leur mieux contre eux, exploitant admirablement, pour leur barrer la route, les superstitions populaires, répandant le bruit que les voies ferrées devaient passer sur les tombes des ancêtres ; que les poteaux télégraphiques projetteraient sur elles des ombres malfaisantes. A quels malheurs le pays ne pouvait-il pas s'attendre, devant pareille profanation des morts ? Les rails,

ajoutaient-ils, allaient s'appuyer sur les anneaux
des dragons tutélaires, dont les ingénieurs occidentaux ne savent pas reconnaître les positions à la
vue des divers replis du sol. Alors, leurs mouvements douloureux se traduiraient par des tremblements de terre, des débordements de rivières. Et le
peuple crédule ne se sentait que trop disposé à cou-
per les fils télégraphiques et à déplacer les tra-
verses, renforcé d'ailleurs dans ses terreurs superstitieuses par le ressentiment de toute la population
qui vivait de la batellerie du Pei-ho, et à qui la voie
ferrée allait porter un préjudice énorme.

Le tact, la patience des ingénieurs, et surtout la
distribution de copieux pots-de-vin triomphèrent du
mauvais vouloir des grands, et des édits sévères de
l'empereur ordonnèrent de respecter le chemin de
fer. Bien mieux, celui-ci fut mis au service de l'une
des plus curieuses superstitions de l'empire. En
effet, l'été de 1899 fut particulièrement chaud, la
sécheresse extrême. Les prières, les sacrifices du
Fils du Ciel n'avaient pu amener la pluie. Il n'y
avait plus qu'une dernière chance de parer à la
calamité : il fallait transporter, en pompe et en
hâte, à Péking, une météorite célèbre, tombée il y a
quelques siècles à 200 kilomètres à l'ouest de la
capitale et soigneusement conservée dans un temple, comme le talisman de la pluie. Un haut digni-
taire de l'Empire fut désigné pour cette mission de
confiance. Le temps pressait ; il n'y avait pas une
minute à perdre. M. Bouillard, ingénieur en chef du

chemin de fer franco-belge, fut prié de préparer
d'urgence un train spécial pour transporter, sur un
parcours de 150 kilomètres, l'envoyé de l'empereur
et sa suite et rapporter, à toute vapeur, le précieux
débris de matière cosmique.

Le chemin de fer continuait encore à encourir
l'aversion des lettrés qu'il était déjà adopté par le

Fig. 20. — A la gare de Pékin : Station de fiacres.

peuple. Celui-ci, au début, avait été fort étonné par
ces véhicules qui se mouvaient si vite, sans mules
ni chevaux. La direction automatique et sûre des
trains pendant la nuit avait quelque peu surpris ces
bons Célestes. Aussi crurent-ils devoir faire précé-
der les premiers convois nocturnes de porteurs de
lanternes chargés d'indiquer la route à la « voiture
de feu », si bien que celle-ci devait forcément, pour
ne pas écraser ses « éclaireurs », ralentir d'une

façon notable son allure. La locomotive perdait
ainsi un de ses plus précieux avantages. Aujour-
d'hui nous n'en sommes plus là, Dieu merci !

L'encombrement aux gares est toujours très considérable, tant à l'arrivée qu'au départ des trains.
Outre de nombreux voyageurs, il y a aussi quantité
de curieux venus de très loin, pour voir.

Fig. 21. — Compartiment de voyageurs indigènes.

Une arrivée à la gare de Pékin est tout ce qu'il y
a de plus pittoresque. Les quais sont bordés de
portefaix qui s'arrachent les malles, de charretiers
qui vous cassent les oreilles de leurs cris pour vous
offrir leurs services. Sur la teinte gris bleu qui est
la dominante de la couleur des costumes, se détachent, tranchant vivement par leurs tons rouges,
jaunes, verts, les toilettes féminines : belles Tartares aux joues couvertes de fard, au chignon tordu

transversalement en guidons de vélocipède ; élégantes Chinoises outrageusement peintes, la tête couverte d'un amoncellement de fleurs artificielles aux teintes criardes, se tenant en équilibre instable, telles des ballerines, sur leurs pieds déformés. On y voit aussi, et ce n'est pas un des côtés les moins intéressants, une nuée de mendiants crasseux, pouilleux, superbes dans leur horreur, qui vous obsèdent d'une voix déchirante, implorant votre charité. Et toute cette foule se presse, se resserre, curieuse, pas méchante, un peu gouailleuse, les yeux ronds d'étonnement, autour des étrangers qui débarquent.

Le prix des billets est assez élevé pour une bourse chinoise et, malgré cela, les wagons. sont bondés. Voyager dans un compartiment de 2e classe, surtout l'été, doit manquer de charmes. Les voyageurs s'y empilent, emportant avec eux autant de bagages, couvertures, matelas, paniers, caisses à chapeaux, qu'ils en peuvent traîner. Tout ce monde mange, boit, fume, crache à qui mieux mieux. Ajoutez à ces agréments l'exhalaison d'une agglomération sale, suante, forte mangeuse d'ail, et vous pourrez vous faire une vague idée de l'odeur qui vous prendra à la gorge, dans un train ainsi garni !

Les gros bagages, les caisses, les malles, sont mis sur les trucs avec les marchandises ; le propriétaire ou ses domestiques montent avec eux. La compagnie n'est pas responsable des vols qui peuvent se commettre sur la ligne. De là la nécessité, pour chacun, de faire sa police.

Les animaux sont ordinairement accompagnés par leurs maîtres ou des serviteurs. Tout cela vit en parfaite intelligence. Seules les mules sont réfractaires, et leur embarquement, surtout si quelque locomotive se met à siffler, n'est pas toujours facile.

Fig. 22. — Un monsieur qui a voulu voyager sans billet.

A chaque arrêt, on voit poindre des marchands ambulants qui offrent aux voyageurs des galettes, des fruits, des amandes d'abricots rissolées dans la graisse salée, des confitures, des sucreries de toutes sortes, que chaque acheteur tripote, examine.

En descendant, le voyageur pourra même être intrigué de voir dans la cour de la gare des cages à oiseaux suspendues à de longues perches fichées en terre. Mais en y regardant d'un peu près, il s'aperçoit que les cages contiennent de singuliers oiseaux : ce sont des têtes de condamnés à mort qui après décapitation sont exposées en plein air, attendant que les vers aient détruit les chairs et que la fraîcheur des nuits ait blanchi les os du crâne.

Aux guichets, les chefs de gare ont fort à faire pour satisfaire tout le monde et ne pas être volés, car chacun essaie de « carotter » la compagnie, ne fut-ce que d'un millime, chose assez facile, grâce à la complication créée par le paiement du billet en sapèques. Quelques Chinois se risquent à monter sans billet : leur faute est punie par le bambou et quelques jours de cangue, avec exposition à l'une des portes de la gare.

Les voyageurs concourent pour 75 p. 100 aux recettes. Il en est de même aux Indes et au Japon. Maintenant, et en dépit des résistances du début, les Chinois apprécient à ce point le chemin de fer que, aussitôt que les trains de ballast ou de matériel commencent à circuler sur une ligne en construction, ils demandent à être autorisés à monter sur les wagons en payant tarif entier, quitte à être laissés n'importe où, au hasard des besoins des travaux.

UN ENTERREMENT A PÉKIN

« Laisse les morts ensevelir leurs morts ! »
Cette phrase du Christ, si elle était connue des
Chinois et interprétée par eux à la lettre, serait,
à elle seule, suffisante pour détourner tout Céleste
d'une religion dont le chef paraîtrait professer
une pareille indifférence pour ceux qui ne sont plus.
Leur rôle est en effet des plus considérables en
Chine. Et, en traitant de cette question ailleurs,
j'ai pu donner à un chapitre le titre suivant : « Les
Morts qui gouvernent ! » (1).

Pour qui veut y regarder d'un peu près, le culte
des ancêtres, que tout le monde connaît au moins
de nom, est une véritable religion commune aux
400 millions de Chinois. Bouddhistes, mahométans,
taoïstes, panthéistes, polythéistes, confucianistes
et aussi, je le crois, beaucoup de chrétiens, sont
unis par un même sentiment de crainte qui leur fait
déifier et vénérer ceux qui ne sont plus.

(1) *Superstition, crime et misère en Chine*, Storck, 4ᵉ édit., 1903.

Les morts sont redoutés et toutes les manifestations du culte des ancêtres n'ont d'autre but que
de les bien disposer en faveur des vivants. Plus on
fait pour les défunts et plus on a de chances d'en
être récompensé. De là, ce luxe énorme des enterrements. Tout comme chez nous, d'ailleurs, il y a
une certaine dose de ridicule orgueil dans cet apparat et cette pompe, déployés pour conduire un
Céleste à sa demeure dernière. Chez nous, un bel
enterrement est bien souvent question de mondanité;
en Chine, le côté vanité joue un rôle très important,
tempéré néanmoins, par le côté affaire : on ne
lésine pas ; on fait bien les choses ; on expose souvent un gros capital car on espère que la bienveillance des esprits ainsi traités dédommagera, au
centuple, des sacrifices qu'on s'est imposés.

Dans nos contrées occidentales — exception faite
pour les obsèques des souverains et les funérailles
nationales — l'enterrement a généralement lieu
dans les deux ou trois jours qui suivent le décès.
En Chine, il en va tout autrement ; on attend longtemps. Il faut en effet trouver un jour propice pour
cette importante cérémonie et ce choix peut demander des semaines et des mois.

Un enterrement est un des plus sérieux évène-
ments de famille ; c'est aussi presque une véritable
fête. Il faut pour la célébrer dignement avoir et
le temps et l'argent. La famille s'endette, pour bien
faire les choses, si elle n'a pas assez d'écono-
mies. Les campagnards attendent, souvent, pour

s'occuper des obsèques de l'un des leurs d'être
libérés des travaux des champs et la morte-saison.
On aura alors le temps et l'argent et la fête sera
complète. On peut voir, parfois, dans les champs,
des cercueils recouverts d'une natte et qui paraissent abandonnés. Ils ont été déposés là provisoirement, jusqu'au jour où on pourra dignement les
mettre en terre.

Une cause fréquente du retard apporté aux enterrements est l'astrologue. C'est lui en effet qui
décide du jour de la mise en bière, de l'heure de
l'enterrement et de l'emplacement de la tombe.

Les Chinois possèdent, en général, un cimetière
de famille, dans lequel ils désirent être ensevelis.
Jamais l'inhumation ne se fait pourtant sans consulter l'astrologue, le *Fong-Choué Sien-Chan.* Qui
sait si le terrain favorable au père et au grand-père ne serait pas préjudiciable aux mânes du fils
et si ce dernier aura un bon *Fong-Choué* ? L'astrogue muni d'ouvrages spéciaux, d'un compas et
d'un petit miroir, va sur les lieux étudier la
question capitale des bons et mauvais effluves
cosmiques. Nos petites glaces à main d'Europe
sont pour ces délicates recherches de véritables
instruments de précision. L'astrologue doit savoir
si, au-dessus de l'emplacement de la tombe, il
n'y aura pas telle ou telle étoile, au-dessous, les
anneaux d'un dragon ; si le vent n'y touchera pas
trop ; si dans le voisinage il ne se trouve pas de
ravin, de dépression du sol permettant au vent

d'arriver par en bas dans la tombe et de déplacer, de fond en comble, les os en moins de vingt
ans. Il doit tenir compte aussi de l'aspect du terrain
environnant, de la configuration des collines et des
montagnes qui peuvent se voir à quelque distance
et de l'ombre que ces dernières projettent dans leur
voisinage. Ce n'est pas tout. L'astrologue doit encore calculer soigneusement l'angle que forment,
à leur confluent, les ruisseaux et les rivières de la
localité. Enfin, il n'oubliera pas que deux courants connus sous le nom de Tigre et Dragon traversent la terre et que toute tombe bien située doit
avoir l'un à sa droite, l'autre à sa gauche. « Un
docteur en *Fong-Choué* peut les trouver et les définir à l'aide d'un compas, de la direction des ruisseaux, des aspects de la terre mâle ou femelle, de la
proportion de l'une ou de l'autre, de la couleur du
sol. Le peuple ne comprend rien à ce charlatanisme, mais paie d'autant mieux qu'il a plus de
foi (1). »

Ces questions, vite réglées pour les pauvres gens,
traînent en longueur pour les grosses bourses ; les
consultations astrologiques se paient cher. Quand il
s'agit de l'empereur, ce n'est plus par semaines,
mais par mois et presque par années, qu'il faut
compter le temps nécessaire à la résolution de ce
difficile problème de l'emplacement d'une tombe.
En voici un exemple historique bien typique. Il

_____

(1) Williams : *The Middle Kingdom.*

a trait à l'enterrement du dernier empereur, Toung-Tché, mort en 1873. Le Fils du Ciel attendit neuf mois, avant de pouvoir rejoindre sa dernière demeure. Pour ménager, équilibrer à son avantage les influences cosmiques, la dynastie actuelle avait choisi deux cimetières, situés à égale distance, l'un à l'est, l'autre à l'ouest de Pékin. A tour de rôle, les empereurs étant ensevelis dans l'un ou dans l'autre. Sien-Fong, père de Toung-Tché, avait été enterré dans le cimetière de l'est. Normalement, son fils aurait dû être inhumé dans celui de l'Ouest. Mais en Chine, la chose la plus minime prend des proportions phénoménales, surtout quand il s'agit du souverain et de ses obsèques. Les astrologues interviennent ; les ministères sont saisis de cette grave affaire. Tout s'arrête. La question du *Fong-Choué* impérial passionne les masses. Le peuple attend, anxieux, avide de nouvelles, le résultat définitif de la minutieuse enquête à laquelle se livre, d'une façon quotidienne, tout ce que la Chine renferme d'illustrations dans le corps des *Fong-Choué Sien-Chan*. Enfin, après neuf mois de longues et palpitantes hésitations, on apprend que contrairement aux règles, il a été décidé que le salut de l'empire et le bonheur de la famille régnante exigaient que Toung-Tché reposât aux côtés de son père. La Chine accepta sans rien dire cette laborieuse détermination. Pourtant cette singulière fantaisie du *Fong-Choué* parut extraordinaire à quelques hauts personnages. Aussi quand deux ou trois ans après l'enterrement, des famines, des inondations, eurent ravagé certaines régions de l'Empire du Milieu, ils ne manquèrent pas de faire remarquer dans leur rapport au Trône que tous ces malheurs ne pouvaient résulter que de la perturbation du *Fong-Choué* de l'empereur, enterré dans un cimetière qui ne lui était sûrement pas propice.

Il est rare que l'astrologue trouve d'emblée le terrain du cimetière de famille absolument propice à l'inhumation. Mais quand il a, à plusieurs reprises, examiné l'endroit, pesé toutes les choses connues et quelques autres aussi, relatives à la valeur de l'emplacement, il décide que, pour assurer un bon *Fong-Choué*, il suffira de gratter un peu le sol, de mettre une pelletée de terre ici, de planter ou de déplacer un arbre là, de restaurer un peu le mur d'enceinte, d'enlever quelques cailloux, d'arracher quelques herbes. Alors le mort pourra être enseveli avec toutes les garanties possibles de bonheur et de fortune pour les siens.

*
* *

Mais revenons au mort. Il vient de rendre le dernier soupir, non pas dans son lit et dans sa chambre, mais sur des planches disposées hors de l'appartement, dans l'antichambre de préférence. Le lit chinois est une sorte de bâti en briques ;

et le Céleste croit que celui qui meurt sur son lit aura constamment dans l'autre monde, à porter un chargement de briques sur les épaules. Quand les parents jugent que la fin est proche, ils placent devant la porte de la maison une tasse pleine d'eau froide. Dans quel but ? Peut-être le coup de l'étrier pour l'âme au moment de son départ pour l'autre monde. Dans la nuit qui suit le décès, les parents s'efforcent de faire revenir l'âme. Munis d'une lanterne qu'ils agitent en l'air, ils appellent, sur un ton plaintif, le défunt par son nom, espérant que l'âme égarée et errante autour de la maison, guidée par la voix et la lumière, rentrera dans le corps qu'elle vient d'abandonner. Au jour, un membre de la famille va chercher de l'eau, au ruisseau voisin, pour laver la figure du mort. Il y jette quelque menue monnaie et parfois un poisson qui doit aller informer la divinité du ruisseau que l'eau a été payée.

Si on fait mourir le malade hors de sa chambre (1) on prend, en revanche, la précaution de l'habiller de ses plus beaux atours, ceux-ci devant servir à vêtir l'âme et lui permettre de se présenter avantageusement aux justiciers de l'autre monde. Cependant, on ne met pas des vêtements quelconques : les fourrures, le drap, la flanelle, la plume

---

(1) Des enfants moribonds sont quelquefois placés hors de la maison. Cette méthode est parfois l'occasion d'infanticides involontaires, de nature superstitieuse. Voir le chapitre *Infanticide* dans mon livre.

du chapeau mandarinal sont proscrits, sous peine de voir le défunt renaître sous la forme d'un animal. Dès que la mort est survenue, on glisse sous la tête du décédé un oreiller sur lequel est rapportée une pièce d'étoffe blanche, représentant un *coq*. C'est là un fétiche qui doit contribuer à assurer le bonheur du défunt dans l'autre monde. Pourquoi ce coq agit-il comme « porte-veine » ? Les deux mots *coq* et *bonheur* se prononcent en Chinois de la même façon. Les Célestes jouent sur les mots et un mauvais calembour leur donne, à défaut d'une confiance absolue sur la félicité future du mort, au moins la satisfaction d'avoir mis leur conscience en règle avec les esprits.

En même temps, on brûle, dans la rue, une maisonnette, des chevaux, des voitures, des serviteurs en papier peint qui partiront en même temps que l'âme pour le pays des ombres et lui assureront le gîte et le confort.

Le moment de la mise en bière est fixé par l'astrologue. Celui-ci fixe également l'heure où le couvercle du cercueil sera cloué et le nombre des clous nécessaires.

Le cercueil est toujours un coffre volumineux, d'autant plus lourd et monumental que la famille est plus riche. Certains sont laqués, ouvragés, faits de bois rares. Celui qui accompagnait le vieux Li-Houng-Tchang, lors de son voyage en Europe en 1896, était estimé 10.000 francs et pesait une tonne.

Le cercueil est, en quelque sorte, un meuble de famille. Il est délicat à un fils d'en offrir un à son père ou à sa mère, à l'occasion d'un anniversaire. Les parents le montrent avec fierté à leurs amis, l'astiquent, le revernissent de temps à autre. J'ai vu parfois venir, comme pensionnaires à l'hospice des sœurs à Pékin, de vieilles Chinoises chrétiennes, qui avaient employé la plus grande partie de leurs ressources à acheter un cercueil, qu'elles faisaient serrer dans un coin de l'hôpital, en attendant l'occasion de s'en servir, car elles savaient que les religieuses ne pourraient jamais leur en fournir un aussi imposant.

Au moment où le cadavre est déposé dans la bière, les parents mettent dans la bouche du défunt une petite poignée de riz et souvent placent à son côté quelques-uns de ses objets favoris : éventail ou pipe. Le cercueil est garni de charbon et de chaux vive, précaution excellente au point de vue de l'hygiène, étant donné surtout le temps qui peut s'écouler jusqu'au moment de l'inhumation. La maison mortuaire est préparée pour la cérémonie funèbre. Devant la porte, des banderoles vertes, rouges, chargées d'inscriptions en papier doré font connaître aux passants les innombrables vertus du défunt. Dans la cour se dresse un élégant pavillon en nattes qui sert d'abri au cercueil. Tout ce que la famille possède de broderies, tentures, est utilisé pour en tapisser les murs. C'est une sorte de galerie dans laquelle sont exposés tous les accessoires de l'enterrement. Chez les grands mandarins, un luxe inouï est déployé. J'ai assisté à Tien-Tsin aux obsèques de la mère d'un *Tao-taï* qui a dépensé plus de 200.000 francs pour bien faire les choses. Les Chinois laissent donc de bien loin en arrière nos enterrements des classes les plus somptueuses.

Autour du cercueil sont déposés des gâteaux, des sucreries, destinés à l'âme du défunt dans l'autre monde, et qui, le lendemain de l'enterrement sont mangés par la famille. A partir du septième jour après sa mort, — date à laquelle le décès ne peut plus laisser de doute, — les amis et les voisins envoient aussi leur offrande. De même que nous adressons des fleurs et des couronnes, les Chinois offrent des friandises et des oriflammes. Une lettre accompagne l'envoi. Elle est brûlée et sa fumée ira apprendre à l'âme du défunt toutes les attentions dont elle a été l'objet. Pendant les deux ou trois jours qui précèdent l'inhumation, des prêtres bouddhistes ou taoïstes, selon la religion de la famille, — des deux sectes à la fois même — sont invités à venir chasser les mauvais esprits par leurs incantations, leurs prières, leurs passes cabalistiques et surtout par leur musique, vacarme assourdissant, ininterrompu le jour comme la nuit, dans lequel les notes suraiguës d'un fifre criard répondent aux sons graves d'énormes tambours.

Le catafalque est dressé dans la rue, à quelques mètres de la maison. Par son volume considérable il obstrue parfois totalement la chaussée, arrêtant la circulation des voitures : on fait de longs détours, mais personne ne s'en plaint. Le catafalque est assujetti sur un énorme bâti de poutres, et recouvert d'un dôme de tapisserie rouge ou bleue sur laquelle se tordent et grimacent les dragons brodés d'or. Le corbillard est porté à dos d'homme. Le nombre des porteurs varie en raison de la situation sociale du défunt et peut aller jusqu'à quatre-vingt-douze.

Les porteurs travaillent par groupes de deux, au moyen de leviers à l'enchevêtrement compliqué, mais pourtant bien conçu. Pour les petites bourses l'apparat est plus modeste. Le cercueil simplement recouvert de quelques broderies est transporté sur une lourde civière par quatre, huit, douze ou seize hommes.

Au moment de la levée du corps, tous les parents et amis quittent en hâte la pièce mortuaire. Si, par hasard, un petit accident se produisait, si la bière venait à chavirer, pour sûr que l'esprit du mort courroucé ne manquerait pas de se venger sur les membres de sa famille, témoins de pareil manque d'égards.

Le pesant cercueil vient d'être glissé dans le catafalque. Un coup de gong retentit et l'imposante masse funéraire s'enlève péniblement de terre. Le maître des cérémonies prend la tête du cortège. Coiffé d'un énorme bonnet de feutre rouge, ses hardes recouvertes d'une blouse rouge, il marche l'air affairé et important, tenant son gong à la main. Les coups frappés sur ce disque de bronze lui permettent de régler l'allure du cortège, d'en diriger les mouvements, de commander à la musique. Celle-ci est composée de dix, vingt, trente exécutants — le nombre est en raison de la fortune du défunt — soufflant dans des fifres, des flageolets, des trompes aux notes plus lugubres encore que celles de nos ophicléides, frappant sur des gongs, des tambourins, des lames de bois. Une des caractéristiques de ces orchestres funéraires — ce sont les mêmes et la musique est la même pour les mariages — est que chaque exécutant fait sa partie sans s'inquiéter de son voisin. C'est une cacophonie indescriptible, rappelant assez le bruit de ferraille d'un atelier de zingueur, accompagné de coups stridents de sirènes et de ronflements de locomotive.

La longueur du cortège est fort variable. Pour les hauts mandarins, le défilé est interminable. Le cortège déambulant par les rues, aux sons discordants de la musique est un peu comparable à une parade de cirque, tant il y a d'oriflammes, de chevaux, de bannières, de chameaux, de parapluies multicolores, de voitures. Les figurants de ce défilé sont légion : pauvres et sales mendiants, pour la plupart, dont les loques sordides et parfois la quasi nudité sont cachées par une longue souquenille verte, piquée de rosaces rouges et blanches, et dont le chef est coiffé d'un chapeau en forme de plat à barbe, surmonté d'un panache rouge. Ils avancent

23

24

Fig. 23 et 24. — Costume de l'âme, étendards.

sans ordre, un peu au hasard, traînant leurs savates, fumant leur pipe, gouailleurs, et n'ont rien qui rappelle la mine funèbrement recueillie de nos croquemorts. Précédant parfois d'un demi-kilomètre le gros du cortège, ces figurants ouvrent la marche, à la file indienne, espacés de dix en dix mètres, de chaque côté de la chaussée, portant qui, une main en bois doré, qui une boule, qui un éventail, qui une hallebarde en bois laqué rouge et or.

Mais voici le cortège lui-même qui approche. En tête, marche le *costume de l'âme* représenté tantôt par une simple bannière de toile blanche, fixée à une longue perche, tantôt par une sorte de petit kiosque en étoffe blanche, que soutiennent un certain nombre de porteurs. En arrière et à la même hauteur, viennent deux bannières sur lesquelles sont inscrites des prières pour la félicité du défunt, dans l'autre monde. Parfois, on peut voir un personnage de blanc vêtu, tenant un coq blanc par les pattes : ce gallinacé a une mission délicate à remplir. Il est, en effet, chargé de supplier les trois âmes du mort de vouloir bien rester, l'une dans le corps du défunt, l'autre dans sa tablette ancestrale, la troisième dans le monde des esprits.

Le défilé continue lentement : ce sont deux chaises, recouvertes de housses rouges — signe de bonheur — et fixées sur deux brancards de palanquin. L'une supporte la tablette du défunt, l'autre son portrait.

Un peloton d'une vingtaine de musiciens, dont

25

26

Fig. 25 et 26. — Parapluies et ornements divers
indices des pouvoirs du défunt.

les instruments font rage de discordance passe,
suivi d'une trentaine de pauvres hères, aux costumes bariolés et sordides, chargés de larges plan-
chettes rouges, sur lesquelles sont inscrits en gros
caractères d'or, les innombrables titres et qualités
du héros de la fête.

Le cortège funèbre est un vrai kaléidoscope vivant, dont les aspects se renouvellent en une succession sans cesse variée. C'est maintenant une
sorte de dais aux broderies rutilantes, légèrement
monté sur des tiges de bambou, que portent des
enfants, abritant sous son dôme quelques flûtistes
et deux ou trois tambourinaires, coiffés d'une ca-
lotte blanche, dont les franges noires tombent sur
le front et les yeux.

Derrière eux défilent des serviteurs portant à la
main des ustensiles divers, vases, aiguières, plats
en argent, indices de la fortune du défunt, des
parapluies, de monumentaux éventails, insignes de
son pouvoir. Parfois, des chevaux, des chameaux
caparaçonnés sont conduits par la bride par des
domestiques.

Mais que veulent dire tous ces objets en papier,
chevaux, voitures, bateaux, hommes, femmes,
cavaliers, maisons, aux couleurs criardes et de
grandeur naturelle ? Ce sont des offrandes que tout
à l'heure on va brûler sur la tombe, pour les envoyer dans le monde des esprits. Cette cérémonie
est un vestige des anciens sacrifices humains, jadis
très en honneur au moment des funérailles et sup-

27

28

Fig. 27. — Voitures, chevaux, domestiques en papier peint.
Fig. 28. — La famille en deuil. Dans le fond, le corbillard.

primés par des édits impériaux à une époque relativement récente (1). Le procédé actuel a l'avantage, tout en étant d'un effet aussi positif pour la félicité des âmes dans l'autre monde, d'être plus économique et surtout moins barbare.

Voici la famille. Le chef, de blanc vêtu, conduit le deuil. La parfaite étiquette et les règles de la piété filiale veulent qu'il semble écrasé de douleur, les traits rendus méconnaissables par d'abondantes larmes. Il avance lentement, soutenu par deux aides, qui paraissent littéralement le porter, les mains passées sous ses aisselles. Lui-même prend un point d'appui sur un grand bâton, dont la nature varie suivant le sexe du défunt : de bois pour le père, de bambou pour la mère. Derrière lui marchent également habillés de blanc, une suite de parents, de serviteurs.

Pendant que le mort s'achemine lentement vers sa demeure dernière, les vivants pensent à sa tranquillité future.... et aussi à la leur. Tout autour du cortège, en effet, planent des esprits malfaisants, âmes de pauvres diables morts sans sépulture, abandonnés des leurs, soldats tués pendant les guerres, marins disparus au large. Il faut les bien disposer et pour ce, on leur lance de l'argent, sous forme de disques de papier, qui retombent à terre en flocons neigeux.

Enfin apparaît le corbillard. Monumental, im-

---

(1) Sous l'empereur Kan-Si au xviii° siècle.

posant, il avance lentement, avec de longues oscil-
lations qui font onduler sous lui, comme une vague
humaine, les groupes de porteurs qui peinent et
ploient à l'extrémité des nombreux leviers qui le
soutiennent. Les broderies qui le recouvrent brillent

Fig. 29. — Esprits malfaisants.

au soleil et les passants s'arrêtent en lui lançant un
regard d'envie. C'est qu'au fond de son cœur, chaque Chinois garde le secret désir d'avoir de belles
funérailles. En promettant un enterrement de première classe et quelques sous à de pauvres misé-
reux, les mandarins coupables du massacre de nos

nationaux à Tien-Tsin en 1870 trouvèrent des remplaçants qui portèrent, à leur place, leur tête sous le « coupe-coupe » de l'exécuteur des hautes œuvres.

Derrière le corbillard viennent de nombreuses charrettes recouvertes de toile blanche. Les femmes sont à l'intérieur, on peut les distinguer au travers de la gaze qui sert de portière au véhicule. Ces charrettes transportent aussi les *pleureuses*, à la figure enluminée ; elles fument paisiblement leur pipe et, de temps à autre, à volonté, au coup de gong du maître de cérémonie, versent d'abondantes larmes.

Le cortège pourra parfois mettre des jours et des semaines pour arriver au cimetière : il a souvent des centaines de kilomètres à effectuer. Dans le nord de la Chine, les nombreux cimetières rompent la triste monotonie de l'immense plaine et, dès l'automne, la verdure de leurs cyprès pique çà et là d'une note gaie l'uniforme étendue de terre jaune qui s'étend indéfiniment à l'horizon.

Dans le sud, à Amoy, entre autres, les cimetières sont une des curiosités pour le touriste. Les tombes y sont monumentales, orientées vers le sud, abritées du vent du nord par un épaulement de pierre, revêtant l'aspect du dossier d'un fauteuil chinois.

Les grands mandarins, les princes, les empereurs arrivent à leur dernière demeure en longeant une voie triomphale, de chaque côté de laquelle se dressent des guerriers et des animaux en pierre. La gravure a popularisé la fameuse allée conduisant

Fig. 30. — Catafalque.

aux sépultures impériales de la dernière dynastie,
à Nankin et aux environs de Pékin. D'énormes blocs
monolithes, apportés on ne sait trop d'où, s'alignent
sur une longueur de 2 kilomètres, représentant,
trois fois plus grands que nature, des lettrés, des
guerriers et des animaux, chameaux, chevaux, élé-
phants...

Au moment de l'inhumation, tous les accessoires
en papier que nous avons vu défiler tout à l'heure
seront brûlés. Après les avoir arrosées d'eau-de-vie
et fait devant la tombe un certain nombre de génuflexions — kôto — réglé par les rites, le chef de
famille allume toutes ces offrandes : l'esprit du
mort étant éminemment subtil, ne peut avoir besoin
que de choses également impalpables et seule la
combustion peut faire obtenir pareil résultat.

L'astrologue qui a réglé les conditions de l'inhumation décide également du moment où doivent
se prendre les vêtements de deuil. Ceux-ci sont de
toile blanche : blouse blanche, chapeau et souliers
blancs.

L'observation du deuil est très stricte, surtout
pour les fonctionnaires et une infraction aux rites
peut les exposer à des réprimandes sévères.

Le fonctionnaire obligé de prendre le deuil doit

pour vingt-sept mois renoncer à sa charge ; il ne doit pendant ce temps se montrer dans aucun lieu de réjouissance, restaurant, théâtre. Malheur à lui surtout si pendant ce laps de temps, une grossesse se déclarait chez sa femme.

Fig. 31. — Une tombe dans le Nord.

Tout Chinois en deuil ne peut, pendant un mois, vaquer à ses soins de toilette, il ne doit toucher à sa barbe ni à ses cheveux. A la mort du souverain, la nation reste cent jours sans se raser la tête ni la figure. Et à ce sujet, j'ai entendu conter une assez plaisante histoire. Li-Houng-Chang, en 1873, après la mort de l'empereur Toung-tche n'avait pas scru-

Fig. 32. — Tombe d'un riche Chinois.

puleusement observé les coutumes et s'était fait raser les cheveux et la barbe avant l'expiration des délais réglementaires. Pareille infraction fut l'objet d'un rapport au trône d'un censeur et d'un blâme de la régente. Le jour où Li reçut l'impérial décret le réprimandant, il aperçut, par les rues de Tien-Tsin, un pauvre diable de coolie qui, lui aussi, s'était fait « rafraîchir » barbe et cheveux. Le vice-roi le fit aussitôt arrêter et ordonna qu'on lui tranchât la tête.

*
* *

La tombe est, chez les pauvres, surmontée d'une haute taupinée de terre ; chez les riches, d'une tortue portant sur son dos une énorme stèle de marbre sur laquelle un fin lettré a distillé, en caractères choisis, les vertus du défunt. Ces taupinées ont sans doute pour but d'indiquer l'emplacement de la tombe. Mais par leur masse, elles offrent surtout l'avantage de maintenir sous terre l'une des âmes du défunt et l'empêchent ainsi de venir troubler la quiétude des vivants.

La Chine vit, en effet, dans la crainte des esprits de ceux qui ne sont plus. Ce sont les morts, autant que les vivants, qui continuent à agir, penser, gouverner. Ils sont de véritables tyrans contre le despotisme desquels, de longtemps encore, la Chine n'osera s'insurger.

L'ARMÉE CHINOISE DU NORD (1)

IMPRESSIONS ET SOUVENIRS

La vieille Chine, figée depuis des siècles dans son immobilisme qui a fait d'elle un produit unique de paléontologie sociale, semble s'être plu, au point de vue militaire, à faire mentir ceux qui lui déniaient toute aptitude au progrès.

Je me hâte de dire SEMBLE, car les transformations qui se sont faites dans l'armée du Céleste-Empire sont, pour qui veut observer et qui connaît un peu l'âme de cette intéressante race, plus apparentes que réelles.

Je me suis trouvé en Chine à deux époques de guerre. En 1894-1895, j'ai vu la campagne japonaise ; en 1900 j'ai été le témoin de la croisade européo-américo-japonaise contre les Célestes. En cinq ans, tout avait changé. D'un armement moyenageux, les Chinois étaient brusquement passés à l'armement moderne le plus perfectionné. Il n'y avait donc plus de doute à avoir ; la Chine

_____

(1) *Armée et Marine*, 1ᵉʳ janvier 1903.

secouait sa torpeur, rompait avec la traditionnelle routine ; peut-être allait-elle marcher sur les traces de l'Empire du Soleil-Levant ?...

Dans leur campagne de Corée et de Mandchourie de 1894, les Japonais n'eurent guère devant eux que des hordes de soldats, remarquables par leur indiscipline et le caractère préhistorique de leurs armes. La fameuse armée de Li-Hung-Tchang, dont on avait tant parlé en Europe, n'avait aucune valeur ; elle avait, il est vrai, un armement quasi-moderne, mais éminemment hétéroclite : dans une section d'infanterie, on rencontrait des fusils Gras, Albini, Dreysse, Chassepot, Martini-Henry, et souvent les cartouches portées par le soldat n'étaient pas celles du fusil qu'il avait en mains. La garde impériale chargée de couvrir Pékin était nantie de fusils à mèche, de lances, de tridents, d'espingoles à deux hommes, dont le recul renversait régulièrement le pointeur, de mousquets montés sur chevalets, de coupe-coupes, de canons vieux de mille ans, armes dangereuses, se chargeant par la gueule et partant souvent par la culasse.

Rien d'étonnant aussi que la vaillante armée nippone n'ait fait qu'une bouchée de son adversaire . la campagne des Japonais n'a, pour ainsi dire, été qu'une manœuvre contre un ennemi figuré..., sur lequel pourtant on tirait avec de vraies balles et de vrais obus.

Les troupes chinoises ne tenaient pas au feu : je les comprends et les excuse même. Elles s'en

Fig. 33, 34, 35, 36, 37, 38, 39, 40, 41.
Types de soldats de la garde impériale (1895).

excusaient d'ailleurs elles-mêmes par une explication qui est fort amusante : « Les Japonais, me disait un Chinois, nous tiraient dessus des projectiles qui *sentaient si mauvais* quand ils éclataient qu'il n'y avait pas moyen de rester dans le voisinage ! » Les gravures ci-dessus, exécutées par un artiste pékinois en 1895, montrent les divers types de soldats qui formaient le noyau de la garde impériale. Que vouliez-vous que fissent contre les balles des Mourata les boucliers des « Tigres de guerre » ou la cavalerie musulmane de Kan-Sou, que je vis traverser Pékin, se rendant en Mandchourie ; les hommes avaient quelques rares mousquets, des lances, des tridents ; beaucoup n'avaient que de simples bâtons, terminés par un vieux clou rouillé ! C'était une cavalerie de ce genre que, en 1860, notre artillerie mit si facilement en déroute au pont de Pali-Kao, déroute qui se transforma en panique. Je ne parle pas des « troupes des bannières », sorte de réserve de soldats mandchoux, qui avaient été appelés sous les armes pour arrêter les Japonais; elles n'étaient même pas armées. Leur défilé par les rues de la capitale était du plus pittoresque effet. Chaque homme — ou presque — portait un immense drapeau et un sabre. Or, le drapeau nécessitait les deux mains pour être tenu facilement ; il est vrai que la hampe pouvait servir de lance. Les bannières avaient aussi des archers, et le tir à l'arc est fort en honneur chez les Tartares-Mandchoux.

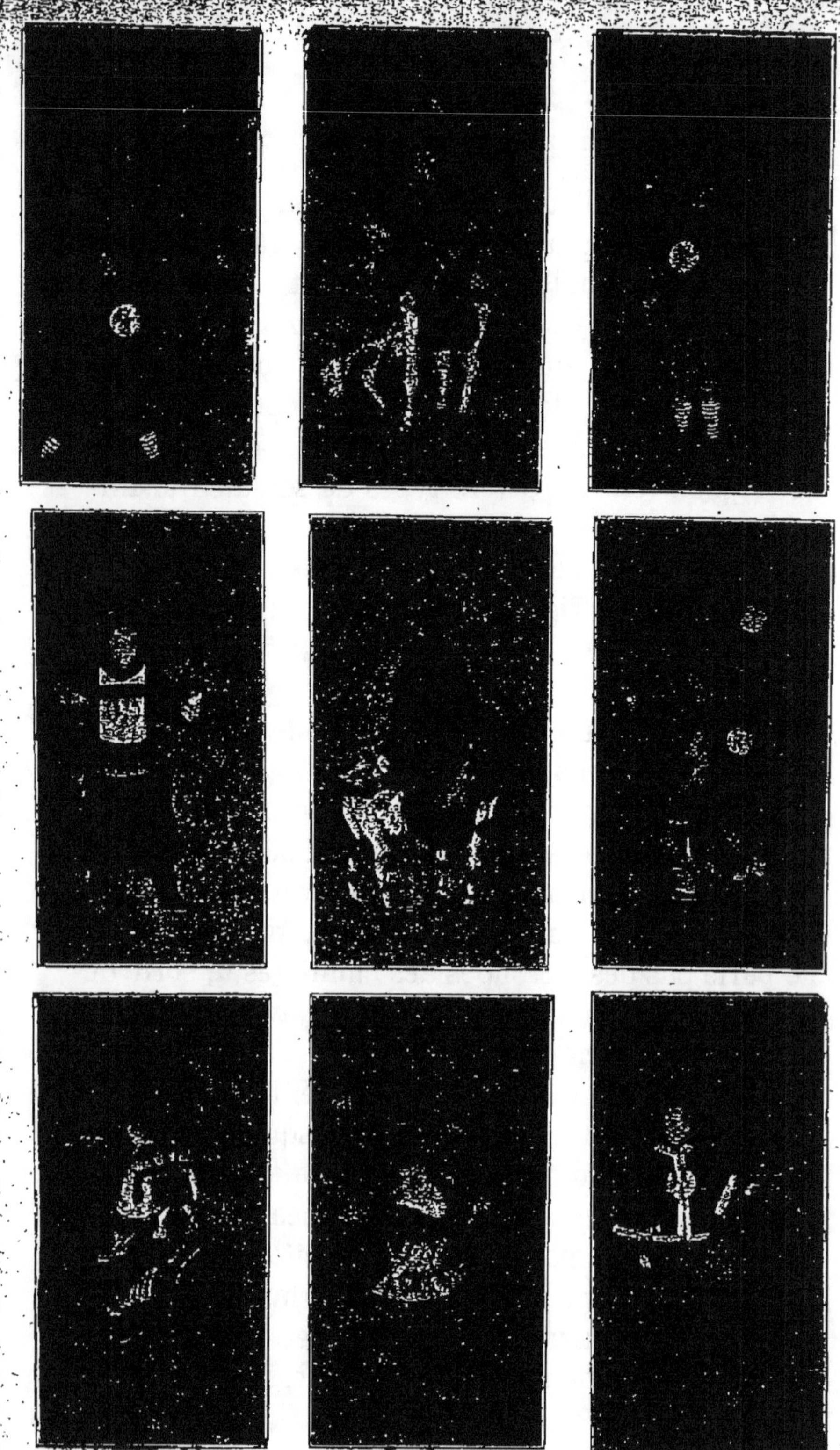

Fig. 42, 43, 44, 45, 46, 47, 48, 49, 50.
Types de soldats de la garde impériale (1895).

Le drapeau, le fanion, les oriflammes de toute
sorte tenaient une place très importante dans l'armée chinoise, et par leur nombre, et par leurs dimensions peu communes. Les drapeaux étaient
larges comme des draps de lit, et tout ce déploiement de pavillons multicolores avait l'immense
avantage de signaler de loin à l'ennemi la présence
des troupes chinoises qui, en outre, ne savaient
pas se garder.

Les troupes des bannières formaient une sorte de
garde nationale, très dévouée, paraît-il, à l'empereur, mais pas martiale pour un sou.

Que de fois j'ai rencontré quelqu'un de ces paisibles guerriers, se rendant, individuellement, et
sans le moindre enthousiasme à un exercice, au
tir à l'arc ou au fusil, sous la muraille. Très souvent il louait un âne, remettait son arme au conduc-
teur, qui trottait derrière la bête, la stimulant de
la voix et du geste. Mais notre « brave » — c'est
au moins le qualificatif écrit sur le plastron de sa
tunique — avait parfois une et plus souvent les
deux mains occupées par des cages d'oiseaux.

Ces hommes des bannières habitent chez eux et
ne sont convoqués que de temps à autre. Cependant, un certain nombre sont installés dans de véritables camps, ayant l'aspect d'un village, aux rues
régulières, se coupant à angle droit. Chaque soldat a sa maison et sa cour et vit là avec sa famille.

Les soldats des bannières sont payés par l'empereur. Ils reçoivent de 8 à 50 francs par mois,

plus une certaine quantité de riz. Chaque enfant doit entrer dans la bannière et pour ce, reçoit une mensualité. Plus une famille tartare a de garçons, plus elle se trouve avoir de revenus. Et c'est sans doute pour augmenter ceux-ci que parfois, un père de famille déclare au mandarin une fille comme

Fig. 51 et *52.* — Types de soldats de la garde impériale (1895).

garçon, et le mandarin ferme les yeux, si on lui graisse la patte.

On peut dire que la grosse occupation des Tartares est de vivre aux crochets de l'empereur, car bien rares sont ceux qui ont un métier quelconque.

L'échec infligé par les Japonais fut aux Célestes une cruelle humiliation ; la grande Chine, le « nombril du monde », vaincue par ce petit Japon, pour lequel elle n'avait que mépris ! Les puissances européennes profitèrent de cet état d'âme du gouvernement chinois pour se hâter de lui offrir des instructeurs qui pourraient organiser une bonne et solide armée. Les ambassadeurs rivalisèrent d'empressement et d'amabilité auprès du Tsoung-li-Yamen, pour obtenir en faveur de leurs nationaux des commandes de canons, de navires de guerre et de fusils. Les agents des grandes industries prodiguèrent aux grands mandarins de généreux pots-de-vin ; pour ces affaires militaires, l'argent était vraiment le nerf de la guerre, et un sérieux « backchich », mieux que les plus subtils arguments, triomphait des difficultés.

Rapidement, des noyaux d'armée s'organisèrent, à Nankin et dans le Pe-tchi-li. Tous les vice-rois des provinces achetèrent des armes ; des usines chinoises en fabriquèrent.

L'Europe put bientôt se déclarer satisfaite ; en procurant des instructeurs à l'armée chinoise, en garnissant ses arsenaux de tout un matériel moderne, elle donnait à l'orgueilleuse Chine une confiance — exagérée heureusement — en sa force, confiance qui allait permettre au gouvernement de se laisser entraîner à toutes les folies des « Boxeurs » et de déclarer à l'Europe, au Japon et à l'Amérique une guerre qui devait coûter horriblement cher aux nations coalisées.

Les troupes chinoises des généraux Mâ et Nihé qui furent engagées à Tien-Tsin et à Pei-Tsang (4 août) tinrent très bien au feu et nous infligèrent des pertes sérieuses. Elles avaient un armement parfait ; le tir de leur artillerie (Krupp, modèle 1896) était remarquable. Si le fameux Yuen-ché-Kai — aujourd'hui vice-roi du Tien-Tsin — avait obéi aux ordres de l'empereur, s'il avait voulu faire marcher contre nous son excellente armée du Chan-Toung, non seulement les alliés n'auraient pas pris Tien-Tsin, mais, dès le commencement de juillet, ils auraient été jetés à la mer.

La valeur de ces troupes, dressées à l'européenne, fut une cruelle surprise pour les alliés. Au fond, à Tien-Tsin, on ne soupçonnait même pas ce que pouvait valoir l'armée chinoise. On l'avait tout d'abord jugée quantité négligeable ; d'où l'audacieuse et malheureuse marche de l'amiral Seymour sur Pékin. Cet échec eut pour résultat de faire considérer comme de premier ordre cette même armée — les extrêmes se touchent, paraît-il. Aussi, après la prise de Tien-Tsin, au lieu de courir sur Pékin avec une dizaine de mille hommes, on hésita, on parla d'attendre l'arrivée des quarante mille hommes, venant d'Europe, — et qui ne pouvaient guère être là qu'en septembre, — et on les aurait attendus si les Japonais n'avaient, après la bataille de Pei-Tsang, entraîné malgré eux, les alliés sur Pékin et délivré les légations, objectif principal de la campagne qui avait été tout à fait perdu de vue !

Les Japonais connaissaient à merveille les Chinois. Ils savaient que cette armée n'avait pas la valeur qu'on voulait bien lui accorder. Celle qui avait combattu à Tien-Tsin était très bonne ; mais elle n'était qu'un bien faible noyau, comparée à la masse des armées des vice-rois. Celles-ci avaient des armes modernes, c'est vrai. Mais cela était-il suffisant pour faire d'elles des troupes solides ?

Ce qui s'est passé à Pékin, où pendant cinquante-cinq jours, trois cent cinquante matelots et une cinquantaine de volontaires ont tenu tête à une armée de 7 à 8.000 hommes, munie de tout l'attirail de guerre moderne, prouve que l'arme la plus perfectionnée ne vaut rien si celui qui la porte ne sait pas s'en servir.

Les légations ont été assiégées, tour à tour ou simultanément, par les troupes de Jong-Lou, les « Invincibles » de Li-Pin-Hien et les musulmans du xénophobe Ton-Fou-Sian. Fort heureusement, ces troupes étaient mal commandées, ne savaient pas se servir de leur armement, ou s'en servaient sans confiance et comme à regret. Les arsenaux étaient garnis de Krupp et de Manlicher. Et cependant la muraille de la ville était surtout défendue par des canons de bronze à âme lisse, et même de vieux canons sans affût datant des premiers siècles de notre ère. Les antiques fusils de rempart avaient été tirés des magasins. Un fait analogue s'était déjà produit au moment de la guerre sino-japonaise. Les Chinois de Pékin qui avaient alors à leur disposition des fusils « à piston » du genre de ceux dont fut équipée la garde nationale en 1870, trouvèrent ces armes par trop perfectionnées et les transformèrent, pour en faire de bons fusils à mèche.

Les troupes de Li-Hung-Tchang avaient bien fait d'autres transformations à leurs cartouches. La poudre de celle-ci, avant la guerre, avait été enlevée en grande partie, soit pour être vendue, soit pour faire des pièces d'artifice.

Une artillerie rayée aurait, si elle avait été bien dirigée, réduit le quartier européen en cendres en quelques heures ; mais les Krupp, pointés par les Chinois, tiraient un peu au hasard ; les obus, dont les évents avaient été réglés « au son du nez », éclataient où et quand ils pouvaient. Les Chinois ne soupçonnaient pas la fonction de la hausse de leurs fusils à répétition ; mais ils faisaient du bruit.

Les résultats qu'ils obtenaient étaient assez piteux. Ainsi se trouvait renforcée leur tendance naturelle à croire que tout cet armement, acheté aux « barbares des mers d'Occident », ne valait pas le bon vieil armement dont s'étaient servis les siècles passés : le double sabre ou l'arbalète à répétition n'était-il pas, dans un corps-à-corps, supérieur au petit revolver ? Les canons de l'empereur Kan-Si, si bruyants et si lourds, étaient bien meilleurs que les Krupp, d'aspect fragile. Que valaient les mitrailleuses Maxim's ou Nordenfeldt, comparées aux cinq canons de fusils montés sur une même planche et dont les mèches étaient allumées simultanément ? Et le tube lance-fusée n'incendiait-il pas mieux les maisons que tous les obus fusants ou percutants transportés en 1899 ?

Aussi, les sauveurs des légations ne furent-ils pas peu étonnés de trouver sur la muraille de la ville une accumulation prodigieuse de toutes sortes d'armes, surannées et modernes, ayant la vague allure d'une exposition rétrospective d'artillerie.

La race la plus conservatrice du monde ne pouvait faire tout à coup, pas plus dans le domaine de la guerre que dans celui des idées morales, table rase d'un passé vieux de trente siècles, que toutes les générations défuntes se sont efforcées de conser¬ver immuable. La Chine, a-t-on dit avec raison, vit les pieds dans le présent et la tête dans le passé. Pourquoi l'arracher à cette douce torpeur et vouloir, quand même, lui donner des armes pour se faire battre par elle un jour ? Ce n'est qu'à regret qu'elle subit des instructeurs. Et si l'achat des armes n'est pas trop mal vu, c'est parce que les mandarins y trouvent de gros bénéfices.

La Chine se complaît dans cette routine, devenue une seconde nature. Par nous, elle a acquis un armement moderne ; elle a créé des écoles militaires. Mais de nombreux lustres s'écouleront, avant que l'officier, même sorti d'une école de guerre céleste, soit considéré comme l'égal du lettré. La Chine n'est pas une nation militaire ; pourtant, sa divinité populaire par excellence est *Kouan-Ti,* le dieu de la guerre ; mais il est aussi celui de la richesse. Elle a toujours été menée par les idées morales ; la brutalité, la force des armes lui répugnent. Le sabre est un objet de mépris. Seul, le pin-

ceau donne gloire et fortune. En cas de guerre, c'est
un fin lettré qui prend le commandement d'une ar-

Fig. 53. — Kouan-Ti.

mée. Il connaîtra Confucius à fond, pourra réciter
sans une faute cent pages des *Livres saints*, mais
ne soupçonnera pas le chargement d'un fusil à répé-

tition. Et ce général improvisé prisera moins un officier éduqué à l'européenne que celui qui saura tirer de l'arc, brasser de lourdes pierres ou la pesante hallebarde de 100 kilogrammes, esquisser le « pas du tigre », un sabre à chaque main.

D'ailleurs le métier d'officier est encore très mal vu en Chine. L'officier est un rustre, une brute, un homme sans culture, aujourd'hui général et demain coolie, ses aptitudes — aux yeux des lettrés — étant égales pour l'une et l'autre profession. Et à ce sujet, je veux citer une anecdote bien typique. Un officier français avait jadis, à Tien-Tsin, connu un officier de marine, commandant une canonnière chinoise et parlant assez bien l'anglais. Lors de la venue de Li-Hung-tchang à Paris, notre compatriote crut reconnaître à l'hôtel Continental son ancien camarade céleste, en livrée des plus modestes, en train d'épousseter le perchoir du perroquet favori du vieux vice-roi : « Comment allez-vous, capitaine ? » Le Chinois secoua la tête : « Plus capitaine, je suis *boy !* » et il continua philosophiquement à épousseter son perchoir.

Conclusion : vendons, à la rigueur, des armes, — surtout très perfectionnées et de mécanisme délicat — à la Chine : ce peut être un commerce lucratif. Mais, de grâce, ne lui apprenons pas à s'en servir. Et que pour une fois, au moins, l'histoire serve aux générations futures et que les affaires de Tien-Tsin et de Pékin leur apprennent que le plus sûr moyen de se faire supporter par les Chinois c'est de ne pas leur donner les moyens de se faire chasser, *manu militari*, de la Terre-Fleurie.

Le Tube lance-fusées (1)

Le siège des légations par les réguliers chinois a été fécond en surprises et en émotions, grâce surtout à l'armement des Célestes. Tout le monde les croyait encore armés, à Pékin au moins, de vieilles escopettes à mèche et de bombardes qui avaient vu Gengis-Khan. Aussi fut-on désagréablement rappelé à la réalité en voyant les projectiles des Krupp défoncer les murs et les toits et les balles blindées « humanitaires » des Mauser et des Manlicher pleuvoir dru comme la grêle.

Pourtant, les Chinois auraient failli à leurs éternels et immuables principes de routine et de conservatisme s'ils avaient brusquement abandonné l'armement cher aux ancêtres pour se nantir de celui des « Barbares d'Occident », même pour battre ces derniers avec leurs propres armes. Aussi firent-ils une aimable salade de schrapnells et de boulets ronds, de projectiles de petit calibre et de balles de 50 grammes tirées par d'énormes fusils de rempart, que trois hommes peuvent difficilement manœuvrer.

(1) *La Nature*, 22 décembre 1900.

Le projectile qui nous intrigua, surtout, fut une volumineuse fusée, qui, la nuit, décrivait dans l'air de superbes spires lumineuses, véritable serpent de feu, et faisait un vacarme infernal. Cette fusée était destinée à incendier les maisons dont l'artillerie avait défoncé les toitures et éventré les murs. Le projectile manque de précision et atteint rarement son but. Mais l'idée n'en est pas moins ingénieuse, et le tuble lance-fusées vaut d'être décrit.

L'instrument, au premier abord, fait plutôt penser à un télescope qu'à un appareil de guerre. Il se compose essentiellement d'un tube en tôle de 1 m. 10 de longueur et de 8 centimètres de diamètre, ajouré d'élégantes rosaces, sans doute pour en diminuer le poids. Monté sur un trépied, il peut subir un double mouvement, dans un plan vertical et dans un plan horizontal, suivant le besoin du pointage et l'angle choisi est maintenu par une vis de pression. Deux mires, placées à chaque extrémité ont pour but d'assurer la précision du pointage. C'est sans doute pour assurer un maximum d'exactitude qu'une des mires porte en son milieu une fente sténopéique. Malgré cela, le projectile va où il peut.

Celui-ci n'est, au fond, qu'une puissante fusée qui pourrait fort bien tuer son homme si ce dernier se trouvait, à bonne distance, par hasard sur sa route. La fusée se compose de deux parties : le corps et la queue. Le corps, en tôle de fer, est un cylindre de 45 centimètres de long, de 5 centimètres

de diamètre, muni en avant d'une partie acérée
qui lui permet de se fixer dans le bois. Son poids

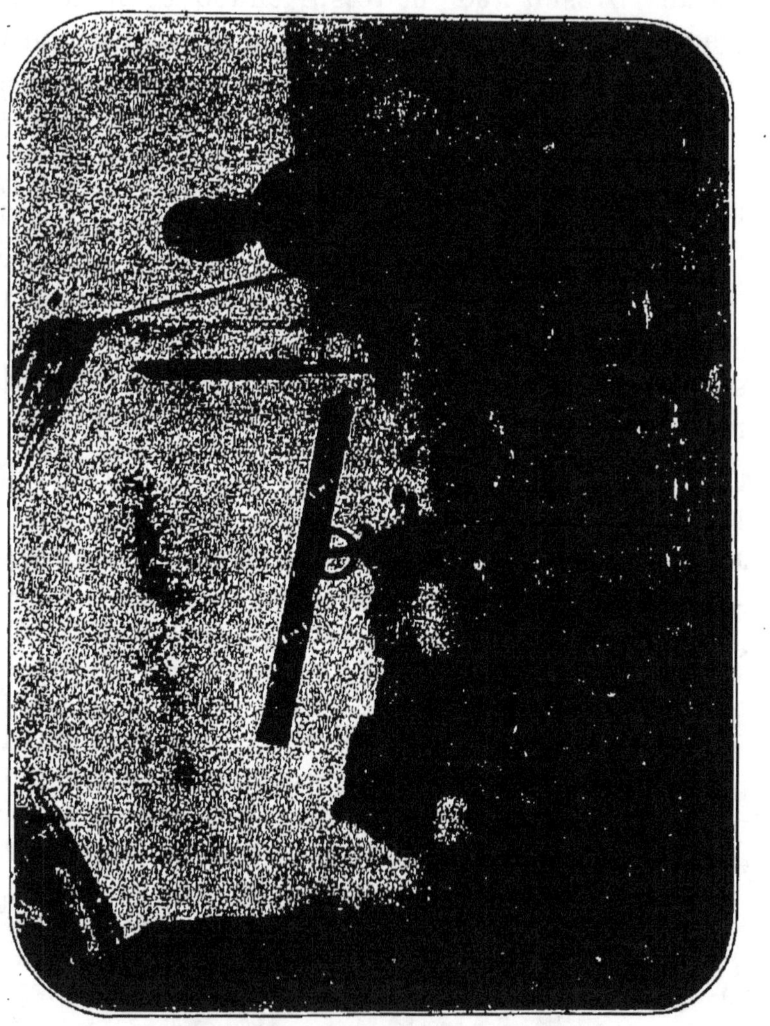

Fig. 54. — Le tube lance-fusées.

est de 2 ½ à 3 kilog. La queue est formée par une
tige de bois ou de bambou, enduite de poix ou de

matières inflammables, longue de 1 m. 50 environ.
Elle se fixe au corps au moyen d'un pas de vis
dont l'orifice d'entrée sert au chargement de la
fusée. Tout autour se trouvent 8 à 10 évents par lesquels s'échappent les gaz qui prennent un point
d'appui sur l'air et assurent la projection en avant
de la fusée. Celle-ci peut aller à 2 ou 300 mètres.
Mais sa vitesse n'est pas très considérable.

Le projectile, bien que d'un diamètre très infé-
rieur à celui du tube, pénètre pourtant, tout d'a-
bord, à frottement dur dans l'appareil, car il doit
pour gagner sa place, refouler les ressorts de deux
buttoirs, sur lesquels sa partie postérieure vient
s'appuyer, pendant que sa partie antérieure se loge
dans une demi-gorge en fer, ayant le même diamètre que le projectile et situé à la hauteur de la grena-
dière. Le projectile est ainsi maintenu par les bu-
tées qui l'empêchent de glisser en arrière, dans
les redressements du tube et par la gorge qui s'oppose aux ballottements.

Le lance-fusées ne nous a fait aucun mal. Il nous
a donné souvent le spectacle d'un beau feu d'artifice qui venait un peu nous distraire après les
journées pénibles du bombardement de notre légation. Il y a peut-être dans cet instrument le ger-
me d'un apareil de guerre moderne que pourraient
faire fructifier ceux qui s'occupent de balistique
et de pyrotechnie.

AU PAYS DU CALME MATINAL (1)

SOUVENIR D'UNE VISITE A SÉOUL EN 1897

Tout le monde connaît l'*Empire du Soleil Levant*, la *Terre Fleurie*. Mais, dans le pays du *Calme Matinal*, bien rares seront ceux qui soupçonneront la petite Corée, et pourtant combien ce nom — Tchô-Sen — me paraît bien s'appliquer à cette contrée et à ses habitants !

Ce « royaume ermite », appendu à la portion nord-est du Céleste-Empire, comme une énorme verrue, est bien fait pour tenter la curiosité, car il est très peu connu. Le nombre de nos compatriotes qui ont erré sur ses routes est facile à compter et il n'y pas très longtemps encore, la presqu'île de Corée était même considérée comme une île. Il vivait, depuis des siècles, bien tranquille, retiré sur lui-même, dans cette douce torpeur du réveil

____

(1) *La Lecture hebdomadaire*, 1902.

du matin ; il a fallu les convulsions de la guerre
sino-japonaise pour attirer, à son grand regret,
l'attention de l'Europe de son côté. Et le voilà
maintenant brutalement arraché à sa quiétude et
entraîné, à son corps défendant, je vous prie de le
croire, dans l'orbite de la politique extrême orientale.

Ce pays n'est ouvert à l'Europe que depuis 1882
— vingt ans à peine. — Aussi, rien d'étonnant que
beaucoup de nos compatriotes ne soient pas au courant de sa position géographique exacte et que —
ainsi que je l'ai vu — quelques-uns confondent
Corée et Gorée, l'un des innombrables fleurons
de notre couronne coloniale ! Ce qu'on ignore également, c'est que nous avons fait la guerre là-bas,
et qu'en 1866 une campagne assez lamentable fut
conduite par l'amiral Roze, qui se fit battre par les
indigènes, armés de vieux mousquets, alors qu'un
peu d'initiative et d'audace nous permettait d'entrer sans coup férir dans Séoul et de nous emparer,
peut-être, du roi.

De cette triste expédition, il ne reste aucun vestige, si ce n'est le nom de l'île Roze, donné par les
Américains, en souvenir de l'amiral français, à
un îlot qui protège le port de Chemoulpo, du côté
de l'ouest.

Peut-être ce nom évoquant un triste souvenir
français a-t-il été donné par les Américains en
commisération de sympathie dans l'infortune. Les
Yankees, en effet, firent en 1871 une campagne en

Corée, dont le résultat fut aussi piètre que l'avait été celui de l'expédition française de 1866.

Le roi d'alors est toujours sur le trône, mais il porte aujourd'hui le titre d'empereur, qu'il s'est octroyé récemment. Le succès remporté par les armes coréennes sur nos troupes n'a pas, je le

Fig. 55. — Le port de Chemoulpo et l'île Roze.

crains, beaucoup servi à établir son autorité et son prestige de souverain. Sa vie s'est passée, jusqu'ici, ballottée entre les influences les plus diverses, en luttes politiques et en querelles de famille. Il a vu la Chine, le Japon, l'Angleterre et la Russie convoiter tour à tour ou simultanément son royaume, pendant qu'une lutte à mort s'engageait entre son père et la reine, sa femme ; lutte sans merci ni trêve, à coups d'épingle et de cou-

teau, que devait terminer l'assassinat, par les
Japonais, de la reine gênante pour son beau-père.
Les cours des Valois ou des Borgia n'auraient rien
eu à envier à celle de Corée pour tout ce qui touche
au crime : le poignard et le poison s'y manœuvrent
avec une égale désinvolture.

Avant 1882, quelques rares missionnaires étaient
les seuls Européens qui avaient pu se glisser, au prix
des plus grands dangers, dans ce pays interdit (1).
Cependant, j'ai connu autrefois à Pékin un Français, M. P...., du service des douanes chinoises
qui aurait été un des premiers visiteurs de la Corée,
mais visiteur involontaire. Son histoire, pour aussi
invraisemblable qu'elle puisse paraître, m'a été
certifiée exacte et je crois intéressant de la racon-
ter. Tout jeune, M. P... s'était embarqué en
France, comme pilotin, sur un voilier au long cours.
Son sort manquait de charmes ; le capitaine et les
officiers lui rendaient l'existence à ce point cruelle
que le petit mousse résolut de se sauver à la nage
sur la première terre en vue de laquelle il passerait.

Il mit son projet à exécution par une belle nuit
et gagna la rive. Au jour, il fut recueilli par des
indigènes qui parurent surpris et heureux de leur
trouvaille.

Il fut conduit dans une ville voisine, où il fut
l'objet de la curiosité de tous les habitants qui n'a-

____

(1) Le premier missionnaire qui arriva à Séoul et s'y installa,
fut le père Maubant, en 1836.

vaient jamais vu un être comme lui. Bientôt il fut enfermé dans une cage et devint un phénomène qu'on exhiba de ville en ville, ainsi pendant des mois.

M. P... réussit pourtant à s'échapper à un mo-

Fig. 56. — Sa Majesté Li-Houi.

ment où il devait, vraisemblablement, se trouver près de la frontière de Mandchourie. Se cachant le jour, marchant la nuit dans la direction de l'ouest, à l'aventure, il tomba enfin harassé de faim et de fatigue et fut trouvé par des Mongols qui se rendaient à Pékin. Ceux-ci le chargèrent sur un chameau, le réconfortèrent de leur mieux et le traitèrent avec égards. Un mois et demi plus tard,

M. P... et ses sauveurs arrivaient à Pékin. L'Europe n'y était alors représentée que par la mission orthodoxe russe où les Mongols le conduisirent.

De Pékin, M. P... gagna Chang-Haï où il trouva une place dans le service des douanes impériales qu'on venait d'organiser.

*
* *

Sa Majesté Li-Houi, ci-devant roi, aujourd'hui empereur de Corée, habite Séoul, la capitale, qu'il ne quitte jamais. Tout comme son collègue, le Fils du Ciel, qui ne sort pas de Pékin, il se trouve être, lui, le potentat, le moins libre de tous les sujets de son empire. Il ne doit posséder que des notions vaguement approximatives sur l'état de la propriété et la situation des habitants de ce pays de dix millions d'âmes.

Séoul est dans l'intérieur des terres, à 40 kilomètres de la mer environ. Le point de débarquement le meilleur, pour atteindre la capitale, est Chemoulpo, petit port ouvert au commerce européen et qui comprend deux villes : la cité indigène, formée de maisons aux murs de pisé et aux toits de chaume, et la ville européenne, toute petite, dans laquelle domine toutefois l'élément japonais.

Ce sont, habituellement, des bateaux japonais qui vous portent à Chemoulpo, soit de Nagazaki, soit de Tchéfou. Ces bateaux sont confortablement aménagés ; les officiers en sont très corrects, parlent l'anglais plus ou moins, moins que plus, en général ; la table y est bonne ; la propreté parfaite. Le pont est des mieux tenus, malgré des nuées d'émigrants chinois, se rendant à Vladivostok pour les travaux du transsibérien, véritables colis humains, portant tous, suspendu à leur blouse, un numéro matricule inscrit sur une planchette ; un chiffre étant bien plus commode qu'un nom, pour la comptabilité du commissaire de bord.

Le quai de Chemoulpo, au moment où nous débarquons du *Genkaï-Maru*, présente beaucoup d'intérêt à cause de l'animation qui y règne et aussi des types ethnographiques d'Extrême-Orient qui s'y trouvent réunis. Des Japonais en collant bleu rayé de blanc, un mouchoir roulé autour de la tête, que couronnent des cheveux drus et droits, sont surtout mariniers. De gros Chinois, suant crasse et graisse, au ventre débonnaire et pacifique, assis sur un escabeau, fumant paisiblement leur pipe, distribuent des fiches de bois à des portefaix, chaque fois qu'ils passent devant eux, avec un ballot sur le dos. Au bout du quai, des Coréens, solides gaillards à la figure bonasse, au nez fortement camard, aux yeux soigneusement bridés, le front surmonté d'un chignon en casque, vêtus d'un large pantalon blanc serré à la cheville et d'un court gilet de la même couleur, se pressent, s'agitent, hurlent, gesticulent, se bousculent à qui arrivera le premier pour prendre les malles et les caisses des voyageurs. Ils sautent dans notre canot avant qu'il ait accosté et déjà se sont saisis de nos colis ; quelques vigoureux coups de pied, de poing, voire même d'aviron de nos matelots japonais ont rapidement fait le vide dans notre embarcation.

Mais voyez, sur les rochers qui surplombent la rade, ces grappes blanches, surmontées de points noirs. Ce sont des Coréens, en habits et chapeaux de ville, ceux-là ; ils fument leur pipe, paisibles, assistant intéressés à notre débarquement.

Leur costume est des plus singuliers comme coupe. Un large pantalon, dont le fond particulièrement ample, pourrait contenir facilement trois fois le volume de la partie du corps qu'il est destiné à abriter, est solidement fixé au-dessous de la cheville par une bande. Une longue blouse, affectant quelque analogie avec la redingote à taille et la robe-cloche, nouée sous l'aisselle droite, s'applique intimement sur le tronc pour s'élargir, à partir des hanches, en forme de crinoline. A droite et à gauche pendent des manches, longues et larges, et, quand il élève ses bras, vu de loin, avec son vêtement tout blanc, son extraordinaire chapeau noir, le Coréen donne l'illusion de quelque gigantesque oiseau antédiluvien, contemporain lu ptéréodactyle.

La couleur du costume était uniforme quand je visitai la Corée : le blanc, signe de deuil. Mais j'avais vu, autrefois, à Pékin, des Coréens aux cos-

tumes bleus, gris, roses, mauve et marron. Le gris
et le blanc pour le peuple sont les éléments domi-
nants en temps ordinaire.

Le vêtement coréen doit être d'une ampleur exagérée. Le bon ton exige qu'on porte le plus d'habits
possibles, deux ou trois pantalons, deux ou trois
redingotes, suivant la solennité et suivant la fortune.

Les habits sont généralement sales et la crasse
souvent masque la couleur primitive. Ils présentent un caractère particulier ; ils ne sont pas
cousus. Les divers lés — et le nombre en est réglé
par les rites — sont simplement collés ensemble.

La machine à coudre et l'aiguille seront d'excellents objets d'importation le jour où les Coréens
rompront avec la tradition. Au lavage, le vêtement
se démonte de lui-même. Quand les pièces sont sé-
chées et avant de remonter le costume, chaque
partie est enduite d'une colle protectrice contre la
crasse.

Il n'y a guère que les nobles et les mandarins
qui aient le privilège de porter des habits cousus.

Le chapeau du Coréen est un objet unique comme
originalité. Il laisse, en matière de grotesque, à
de nombreuses coudées derrière lui, le chapeau
haut de forme et le casque à mèche. Ce chapeau
n'est, au fond, qu'une vaste passoire, un tamis,
fait de fibres de bambou ou de crins tressés. Entouré d'un rebord absolument plat, de 35 centimètres de diamètre, se dresse le corps du chapeau,

de forme cylindro-conique, haut de 12 centimètres,
et dont le diamètre intérieur est à peu près égal
à la moitié de celui de la tête qu'il est destiné à

[*Fig. 57.* — Deux chapeaux : ville et cérémonie.

loger. Le chapeau ne repose que sur le chignon,
ou plutôt sur une espèce de coiffe en forme de casque qui recouvre celui-ci. Il est, de plus, solidement
assujetti par deux larges brides qui se nouent sous

le menton et dont les extrémités retombent sur la poitrine : et cette jugulaire n'est pas peu faite pour augmenter le caractère comique de l'accoutrement. On se demande, avec un certain intérêt, par quelle cervelle bizarre a bien pu être conçu pareil couvre-chef, tout au plus bon à faire un gobe-mouche, car il ne protège ni contre le soleil, ni contre le froid, ni contre la pluie. Pour en rester au chapitre du chapeau, je dois maintenant parler du chapeau-parapluie. C'est une ingénieuse combinaison, qui, par les temps d'ondée, permet de sortir, sans être trop mouillé et surtout laisse aux mains cette précieuse liberté que perd chez nous quiconque veut s'armer du plus modeste « riflard ». Ce chapeau, fait en papier huilé tient de l'abat-jour et du parasol. Il a des baleines et s'ouvre comme ce dernier. Mais il n'a pas de manche ; celui-ci est remplacé par la tête du Coréen qui sert d'appui aux baleines, par l'intermédiaire d'un anneau en cuir qui épouse la courbure du crâne.

Avant de quitter cet intéressant chapitre du chapeau, je dirai deux mots de la coiffure d'intérieur de la bourgeoisie. C'est une sorte de bonnet de police en crin et en fibre de bambou, n'ayant que des bords et pas de fond. Il est sûrement d'une inutilité rare, et nous permet simplement de constater qu'à l'autre bout de notre continent, tout comme chez nous, la mode a des raisons que la raison ignore.

Pour se rendre à Séoul, plusieurs voies nous sont offertes : le bateau, le cheval, le chemin de

fer. Par bateau, on remonte la rivière Han, sur
une chaloupe japonaise. Le voyage en vaut la
peine, car le paysage est joli, et les souvenirs qui
s'y rattachent, pour nous, Français, sont particulièrement touchants. Au départ, nous laissons à
gauche l'île Roze, puis bientôt nous apercevons la
grande île de Kang-Hoâ, dans laquelle nos troupes
eurent bien plusieurs engagements, mais vinrent

Fig. 58. — La rivière Han et l'île de Kang-Hoâ.

se briser contre le mur du grand monastère que dé-
fendaient les « chasseurs de tigre du roi » — des
fusils à mèche de premier ordre — qui, par leur
feu nourri et bien dirigé, couchèrent un grand nombre de nos marins et les forcèrent à battre en retraite. Nous croisons de nombreuses barques
coréennes aux voiles à « ris automatiques », grâce
à un système de ficelles aussi ingénieux que compliqué. Sur les bords de la rivière, çà et là, se

groupent des maisons de pêcheurs, qui se distinguent à peine de la terre. Nous nous arrêtons à Mapou, port de Séoul, où nous attendent des chaises à porteurs, envoyées par notre sympathique ministre, M. Collin de Plancy.

On peut également faire la route par terre, une

Fig. 59. — Jonque coréenne.

quarantaine de kilomètres, soit à pied, soit sur un de ces microscopiques poneys coréens, rageurs, quinteux, qui ne demandent qu'à vous mordre, vous jeter par terre ou se rouler dès que vous êtes en selle. Il est vrai qu'il n'y a pas grand danger, vos pieds étant, si vos jambes sont un peu longues, à six centimètres du sol. La route est intéressante. Le pays est très accidenté : la capitale est, en effet, séparée de la mer par une large bande de collines qui ne sont que des contreforts de la grande chaîne de montagnes qui court du Nord au Sud de la presqu'île, plus rapprochée de la mer du Japon que du golfe du Liao-Toung.

Fig. 60. — Poney coréen.

Vous croisez, chemin faisant, des indigènes revenant du marché, chargés comme des bêtes de somme, marchant d'un pas calme et lent, fumant leur pipe. Les transports, vu le mauvais état des routes, ne se font guère qu'à dos de bœuf et surtout à dos d'homme. Le Coréen est fort et résistant, et il fait un portefaix excellent.

Les portefaix forment d'ailleurs une corporation puissante des mieux organisées. « La plupart d'entre eux sont des gens veufs ou qui par pauvreté n'ont pu se marier. Les autres traînent à leur suite, le long des routes, leurs femmes et leurs

Fig. 61. — La route de Chemoulpo à Séoul.

enfants. Répandus dans le pays au nombre de 8 à 10.000, ils sont subdivisés en provinces et en districts, sous les ordres de chefs, sous-chefs, censeurs, inspecteurs. Ils parlent un langage de convention pour se reconnaître entre eux, se saluent partout où ils se rencontrent et se prodiguent les marques du respect le plus cérémonieux. Ils sont soumis à des règles sévères et leurs chefs punissent eux-mêmes, quelquefois de mort, les crimes et les délits commis par le confrère. Ils prétendent que le gouvernement n'a pas le droit de se mêler à leurs affaires et jamais on n'en a vu aucun demander justice à un mandarin. Ils passent généralement pour probes et honnêtes et les paquets ou ballots qu'on leur confie pour les provinces les plus éloignées sont fidèlement remis à leur adresse. On prétend que leurs mœurs sont très corrompues et que presque tous s'adonnent à des vices contre nature. Néanmoins, leurs femmes sont généralement respectées, et celui qui toucherait à la femme d'un confrère serait immédiatement mis à mort. Ils sont insolents vis-à-vis du peuple et sont redoutés même des mandarins. Quand ils croient avoir à se plaindre d'un affront, d'une injustice quelconque ils se retirent en masse du district ou de la ville et leur retraite arrête le commerce et empêche la circulation des marchandises. On est obligé de parlementer avec eux, et de subir leurs conditions. Après quoi, ils reviennent plus fiers que jamais (1). »

Cette route de Chemoulpo à Séoul est fort instructive pour qui sait regarder. Voici par exemple un gros mandarin. Il voyage en chaise à porteurs. Ce n'est pas le lourd, imposant et assez confortable palanquin chinois, c'est au contraire le siège le

____

(1) Dallet : — *Histoire de l'Église de Corée.*

plus incommode qui se puisse concevoir. Il faut y rester assis, la tête penchée en avant, les jambes croisées comme un poussah. Les mandarins de moindre importance, les petits nobles vont à cheval mais escortés de plusieurs domestiques : l'un tient

Fig. 62. — Chaise à porteurs.

l'animal par la bride, l'autre marche derrière pour le stimuler de la voix et du geste. La dignité du voyageur ne lui permet d'aller qu'au pas. S'il est noble, les pauvres gens qui le croisent doivent descendre de leur monture, bœuf ou cheval, pour lui témoigner leur déférence et leur respect, et s'ils paraissent y mettre peu d'empressement, les domestiques leur donnent quelques généreux coups de trique.

Toute cette contrée paraît riche et fertile, assez travaillée. Et c'est une grande surprise pour le voyageur, qui du large n'a distingué qu'une contrée aride et pelée, où rien ne pousse. Les Coréens ont systématiquement fait le désert sur le littoral, par crainte des incursions de leurs terribles voisins, Japonais ou Chinois. Ils espéraient, paraît-il, laisser croire à ces écumeurs des mers que l'intérieur du pays ne valait guère mieux que la côte.

Les villages sont rares : il y a surtout des hameaux de sept ou huit maisons. La terre nourrit difficilement son homme, les procédés de culture étant très primitifs. Le coton est un des principaux revenus. Le précieux produit est d'introduction relativement récente en Corée, car il n'y date guère que de cinq à six cents ans. Il fut importé de Chine, par fraude, par un ambassadeur coréen qui avait, d'après certains auteurs, pu dissimuler trois graines dans le manche de son parapluie ; d'autres historiens disent que ces grains avaient été placés dans une plume de corbeau, laquelle avait été cachée en un coin fort intime du diplomatique personnage.

La route de terre aboutit à Mapou où un bac, moyennant quelques centimes, transporte bêtes et gens.

La ligne ferrée qui arrive au même point n'offre aucun intérêt si ce n'est la rapidité.

On tombe tout de suite dans le faubourg de Séoul, uniquement formé par des agglomérations de pauvres huttes, en terre et en cailloux, en argile et en planches, recouvertes de toits de chaume, maisons primitives et d'une rudimentaire solidité ;

Fig. 63. — Mandarin en voyage.

car c'est par centaines que se comptent les effondrements après les pluies diluviennes de l'été. Pour pénétrer dans ces habitations, il faut se casser en deux, tant la porte est basse ; et, une fois dedans, il faut s'asseoir, les jambes croisées, si on ne veut, de sa tête, crever le plafond. Ce qu'il grouille de vermine dans ces taudis, je laisse au lecteur le soin de l'imaginer. L'indigène n'en paraît pas autrement incommodé. L'été il fait très chaud dans ces huttes ; aussi le propriétaire dort-il dehors. L'hiver est très rigoureux en Corée, et ces habitations avec leurs murs de terre de 20 centimètres d'épaisseur, leurs portes qui ferment

Fig. 64. — Dans les faubourgs de Séoul.

mal, seraient des glacières, si un ingénieux système de calorifères à air chaud ne venait faire régner dans la pièce une température douce et continue. Malheureusement en même temps que la chaleur, les tuyaux de conduite en terre laissent passer surtout la fumée, mais le Coréen y est fait depuis sa plus tendre enfance.

Sur les portes des maisons, on voit beaucoup de femmes accroupies, donnant une chasse méthodique aux poux qui sont légion dans la chevelure de leur progéniture. Ce genre de sport n'est d'ailleurs pas spécial à la Corée, il a été maintes fois noté en

Fig. 65. — Maison coréenne.

Espagne et aussi dans tout notre bas midi de la France.

Nous voilà devant une des portes de la ville. Elle ne semble guère en état de résister aux canons modernes. Les portes de Séoul n'ont pas le caractère imposant de puissance de celles de Pékin. Après la capitale du Fils du Ciel, ce que je vois ici me paraît petit et mesquin. Un pavillon surmonte la porte. Il semble honteux de se trouver là et comme conscient de son inutilité sur cette muraille de quatre mètres de haut qui tombe en ruines. Quelle différence avec les portes monumentales de Pékin, hautes de trente mètres, fièrement campées sur les colossales murailles de dix-huit mètres relevant orgueilleusement vers le ciel les angles de leurs trois étages de toitures. Des soldats japonais sont en faction aux portes de la ville. Car en ce moment le petit Nippon parle en maître en Corée et y fait sentir sa toute-puissance (1). Les factionnaires saisissent les inoffensifs campagnards qui viennent à la capitale ; on leur coupe leur chignon ; les Japonais n'ont-ils pas, maintenant, les cheveux courts ? Les longues et larges manches sont rétrécies et raccourcies. Les immenses pipes ont leurs tuyaux ramenés aux proportions de la microscopique pipe nippone. Et les pauvres Coréens se disent que si c'est bien là vraiment l'indépendance que les Japonais leur ont promise, quand ils ont déclaré la guerre à la Chine, ils auraient mieux fait de ne pas tirer l'épée en leur faveur.

Ces procédés ultra-radicaux des Japonais furent même la cause d'émeutes partielles de la part des paisibles Coréens, gens de tradition, plus conservateurs encore, peut-être, que les Chinois eux-mêmes,

(1) Ecrit en avril 1897.

et très entichés de leur costume dont la forme se perpétue, immuable, depuis sept à huit siècles.

Séoul est un gros village au milieu duquel se dressent deux montagnes un peu boisées, le Pak-San et le Nam-San, dont la teinte verte tranche

Fig. 66. — Une porte de Séoul.

agréablement sur le fond blanc rougeâtre de la chaîne des montagnes qui se déroulent en demi-cercle à l'horizon. Ces montagnes sont tout à fait nues ; depuis si longtemps les Coréens détruisent les forêts, sans s'occuper de replanter, qu'il faut maintenant aller à cinquante kilomètres de la capitale pour trouver des arbres.

Sur les flancs du Nam-San se trouve le quartier des Japonais. Ils sont là 2 ou 3.000 sujets du Mikado, marchands, industriels, banquiers, traîneurs de pousse-pousse, formant au centre de la capitale coréenne une petite ville nippone, autour de leur consulat et de la caserne sur lesquels flotte le drapeau blanc rayé des stries rouges du Soleil Levant.

De cette hauteur l'œil embrasse le panorama de Séoul. La ville s'étale à ses pieds, mais il ne distingue rien au premier abord, tout ce qu'il voit est flou, terne, sans relief. Peu à peu il commence à reconnaître, émergeant légèrement du sol, une large nappe de maisons, de teinte grise ou jaunâtre, coupée d'avenues et de rues assez larges, dessinant une sorte de damier irrégulier. Tout y est uniforme comme niveau et couleur. Rien n'y émerge, comme à Pékin, sous forme de pagodes, de temples, de mausolées ; pas de toitures vertes ou jaune d'or attirant le regard par le flamboiement de leurs briques vernissées et rompant la monotonie de la continuelle grisaille.

Séoul est calquée sur Pékin. Mais ce n'est qu'une bien pâle copie. Comme la capitale du Fils du Ciel elle est entourée d'une muraille. Mais celle-ci n'a pas le caractère de force et solidité de sa sœur chinoise. Beaucoup plus basse, elle tombe en ruines par places. Elle n'est plus entretenue depuis longtemps. Elle étend très loin son cercle de briques et enferme la ville dans une ceinture beaucoup trop large, qui jamais ne pourra être garnie.

On ferme les portes de la ville le soir. Mais les brèches de la muraille permettent aux contrebandiers de rentrer tout à leur aise. Ils ne sont d'ailleurs pas les seuls à passer par les voies irrégulières. Les tigres et les panthères les connaissent

Fig. 67. — Séoul.

bien et par les nuits d'hiver en profitent pour se glisser jusqu'au centre de la ville, *quærentes quem devorent.*

C'est un des côtés assez originaux de cette capitale que d'y voir ses habitants exposés à être attaqués, dans la rue, par des fauves.... non échappés d'une ménagerie. Dans les parcs des anciens palais, on voit fréquemment la trace des pattes de ces félins sur la neige. Leur audace est extrême. Il y a deux ans, une panthère pénétrait au cœur même de la ville et venait, de temps à autre, faire des ravages dans la basse-cour de la légation de Russie. Un soir d'hiver, la bête frôla un dame russe dont l'attention ne fut attirée que par un gros *ffout* d'un animal qui fuyait. Vous jugez d'ici de l'émoi de la bonne dame, quand elle se rendit compte du voisinage qu'elle venait d'avoir. Le surlendemain la panthère fut tuée par des Cosaques qui deux par deux faisaient le guet. Nous devons remercier les Japonais d'avoir imposé l'hygiène de la rue aux Coréens. Ceux-ci étaient aussi sales que les Chinois, et à Séoul comme à Pékin, le système du *tout à la rue* était l'équivalent de notre *tout à l'égout*. Le Coréen s'arrêtait où il se trouvait pour satisfaire ses besoins. Les Japonais eurent rapidement mis bon ordre à cette trop grande liberté. Des W.-C. furent installés dans les rues et des notices explicatives renseignaient les passants sur leur usage et l'obligation de s'en servir sous peine d'amende. Celle-ci était terrible. Ce n'était ni la cangue, ni le bambou, ni la somme à verser. Tout Coréen pincé en flagrant délit par un « sergot » japonais, était invité, après bourrade souvent, à ramasser de ses mains ce qu'il venait de déposer et à le transporter dans ses mains à la vespasienne.

Cette méthode donna des résultats parfaits et

après trois semaines, le pli était pris par les cita-
dins.

Une chose frappe à Séoul : le calme. La rue
chinoise est vivante, bruyante, du fait de l'activité commerciale. La rue japonaise est gaie ; ce ne

Fig. 68. — Prisonniers à la cangue.

sont que cris et rires, des traîneurs de pousse-
pousse, des mousmées. Ici, un silence de mort. Les
indigènes passent, de blanc vêtus, impassibles,
muets. On se croirait au milieu d'un immense
deuil. Pas de voitures ; seules quelques *djinritchas*,
traînées par des Japonais, viennent, rapides, per-
turber cette monotonie. Regardons pourtant, la

chose en vaut la peine. A un tournant de rue, nous tombons sur des condamnés. La *cangue* au cou, ils n'ont pas l'air de se faire trop de bile et acceptent philosophiquement leur sort, qui ne paraît point pénible. Cette cangue est formée par une longue planche dont une des extrémités traîne sur le sol. Elle n'écrase pas les épaules comme la cangue chinoise. Elle laisse la liberté des mouvements aux bras, alors que souvent la cangue chinoise les immobilise en fixant les mains dans deux trous.

Voici une femme du peuple ; les seins au vent, elle porte son enfant ficelé sur le dos. Son costume est singulier et mérite une mention. La jupe est une sorte de pantalon à la turque extrêmement large et sans la moindre élégance, noué sous les seins, donnant au beau sexe la vague tournure d'un paquet de linge sale. Le haut du tronc est recouvert d'une sorte de boléro très court, s'arrêtant à la naissance des seins. Ceux-ci sont librement exposés à l'air, et ce décolletage par le bas est bien fait pour surprendre le voyageur à une première rencontre. La couleur de ce boléro varie selon l'âge. Rose ou jaune pour les jeunes filles et les jeunes mariées ; violet pour les femmes au-dessus de trente ans, et blanc pour celles d'un âge plus avancé.

La bourgeoise a le même costume ; mais on ne peut juger de son décolleté. Le bon ton veut, en effet, qu'elle ne sorte que voilée. Ce voile n'a rien du *haïc* turc. Il n'est au fond qu'une longue mante,

de couleur verte, dont on ne passe pas les manches
et qu'on met sur la tête. Les bords en sont ramenés
autant que possible sur la figure. Dans la rue, vue
de loin, la Coréenne ressemble moins à une femme
qu'à une guérite de factionnaire : il serait très mal
vu d'aller adresser la parole au planton.

Fig. 69. — Femme du peuple.

La Coréenne du peuple porte les cheveux tordus
en chignon, sans recherche et sans art. Les filles,
jusqu'au moment de leur mariage, portent leurs
cheveux en natte dans le dos, tout comme les garçons. Au moment du mariage, le garçon relève sa
natte et la noue sur le sommet de sa tête ; la jeune
fille achète des cheveux qu'elle mêle aux siens.

pour en faire une grosse corde, plusieurs fois enroulée autour de la tête ; cette informe masse de cheveux est du meilleur goût aux yeux des Coréens.

A Séoul comme dans toutes les cités de l'Extrême-Orient, d'ailleurs, les divers quartiers sont occupés par les diverses professions. Telle rue ne renferme que des marchands de meubles et telle autre ne vous montre que des boutiques d'ouvriers en cuivre.

L'art coréen est très primitif et l'amateur de bibelots ne trouve que peu d'objets susceptibles de tenter sa curiosité. Quelques petits meubles sont assez originaux à cause de leurs charnières en forme de papillon, ou de leur fermeture qui revêt l'aspect d'une tortue. Mais rien ne rappelle les beaux travaux de soie, de porcelaine, de laque, d'émaux ou de bois dur qui foisonnent en Chine, au Japon ou en Indo-Chine.

Il y a très peu de chose à voir à Séoul et la rue est encore ce qu'il y a de plus intéressant. On y rencontre beaucoup d'aveugles qui jouent un rôle important comme devins et exorciseurs dans ces pays où la superstition est aussi puissante qu'en Chine.

Les enterrements, très fréquents à Séoul, n'ont pas le caractère imposant et tintamaresque de la même cérémonie à Pékin. Le cortège est moins long, le corbillard plus modeste, le déploiement d'oriflammes et accessoires funéraires plus restreint.

Mais un Coréen en grand deuil attire facilement l'attention de l'Européen, même le plus distrait ; moins par son costume qui est de grosse toile blanche, que par son chapeau — encore ce chapitre du

Fig. 70. — Bourgeoise en costume de ville.

chapeau ! — qui a des proportions énormes. C'est une monumentale cloche à melon en paille tressée, aux bords légèrement échancrés en longues ondulations. Ce couvre-chef masque absolument la figure.

Aux yeux des Coréens, en effet, un homme en deuil est un homme mort. Il doit être abîmé dans sa douleur, au point de ne rien voir du monde qui l'entoure ; rien ne doit le distraire. Il n'est même pas obligé de répondre aux questions qu'on lui pose et pour bien montrer que sa bouche doit rester close, il tient au-devant une picèce d'étoffe de vingt centimètres carrés, montée sur deux bâtonnets de cinquante centimètres de longueur.

L'incognito procuré par le grand deuil servit les plans des missionnaires qui essayèrent de pénétrer en Corée avant 1882. Quelques-uns purent, sous ce costume, résider chez leurs chrétiens et faire de nouveaux adeptes. La trahison seule permit de les découvrir, car jamais on n'aurait soupçonné un prêtre européen sous ce grand chapeau qui masque absolument le visage.

Ils furent dénoncés aux autorités qui vinrent voir les figures qu'abritaient les monumentaux couvre-chefs, inspection tout à fait contraire aux bienséances, et que n'excusaient aux yeux des Coréens que des nécessités politiques.

Il est assez intéressant de faire un rapprochement sur la façon dont le deuil est observé en Chine et en Corée. Les analogies sont très grandes. Voici ce qu'écrit au sujet de l'observation du deuil dans les hautes classes le P. Dallet, dans la très remarquable introduction de son *Histoire de l'Eglise de Corée*.

« Quand un noble a perdu son père, sa mère

ou un de ses proches parents, il n'est pas libre
de le pleurer à sa manière ; il doit et pour le temps
et pour le lieu et pour la méthode et pour la durée
du deuil, se conformer aux rubriques telles qu'elles sont expliquées au long dans un traité officiel
publié par le gouvernement ; y manquer en un point
grave serait perdre la face, en d'autres termes, être
déshonoré au point de ne plus oser se montrer à
qui que ce soit. On commence par placer le corps
du mort dans un cercueil de bois très épais, que
l'on conserve plusieurs mois dans un appartement
spécial, préparé et orné à cet effet. Les gens du
peuple qui n'ont pas le moyen d'avoir une chambre
pour le cadavre gardent le cercueil en dehors de
leur maison, et le recouvrent de nattes en paille
pour le protéger contre la pluie. C'est dans l'appartement du mort que l'on doit aller pleurer au moins
quatre fois le jour et pour y pénétrer, on fait une
toilette spéciale. Elle consiste en une grande redingote de toile grise, déchirée, rapiécée, et aussi sale
que possible. On se ceint les reins d'une corde de
la grosseur du poignet, partie en paille et partie en
fil. Une autre corde semblable, grosse comme le
pouce, fait le tour de la tête qui est couverte d'un
bonnet de toile grise. Les deux bouts de cette corde retombent par devant sur chaque joue. Des bas
et des souliers spéciaux, et, à la main, un gros bâton noueux complètent le costume.

Dans cet accoutrement, on se rend à la chambre
mortuaire, le matin en se levant, puis avant chaque

repas. On apporte une petite table chargée de divers mets, que l'on place sur un autel, à côté du cercueil ; puis la personne qui préside la cérémonie, courbée et appuyée sur son bâton, entonne les gémissements funèbres. Pour un père ou une mère ces gémissements se composent des syllabes *ai-Kô*, que l'on répète sans interruption, d'un ton lugubre, pendant un quart d'heure ou une demi-heure. Pour les autres parents on chante *ôï, ôï* ; plus la voix qui se lamente est forte, plus la séance est longue, et plus l'individu en deuil monte dans l'estime publique. Les gémissements terminés on se retire, on emporte les mets, on quitte les habits de deuil, et on prend son repas. A la nouvelle et à la pleine lune, tous les parents, amis ou connaissances sont invités à prendre part à la cérémonie. Ces pratiques se continuent même après l'enterrement, pendant deux ou trois ans, et dans cet intervalle, un noble qui se respecte doit aller souvent pleurer ou gémir sur le tombeau de ses parents. Quelquefois il y passe toute la journée et même la nuit. On en cite qui ont fait bâtir une petite maison près de ces tombeaux, pour y demeurer pendant plusieurs années et qui par là ont acquis une haute renommée de sainteté, et la vénération universelle. »

II

Une visite à l'empereur est précédée d'une visite aux ministres de Sa Majesté. La chose est facile. L'audience est toujours accordée, et la course peu

Fig. 71. — Le ministre de la guerre.

longue, car tous les ministres se trouvent dans une même rue qui aboutit à la porte principale du palais.

L'entrevue consiste ordinairement à prendre une tasse de thé, un verre de champagne, fumer quelques cigarettes avec les divers secrétaires d'Etat, qui se trouvent parfois tout à fait étrangers à leur ministère. Tel est le ministre de la guerre, un paisible lettré, gros et gras, à la face réjouie et à l'abdomen suffisamment rebondi. Il ne soupçonne certainement pas le moindre principe de stratégie et n'a peut-être jamais vu d'autres fusils que les vieilles escopettes à mèche, très en faveur chez les chasseurs de tigres du pays.

Quelques jours plus tard, les ministres de Sa Majesté nous rendent notre visite. Le cérémonial est le même et la conversation non moins banale. M. Collin de Plancy, notre représentant à Séoul, eut l'aimable idée d'inviter à déjeuner avec nous à sa table le ministre de la guerre. Le déjeuner était pour midi et demi. A une heure et quart, le secrétaire d'Etat, peu soucieux évidemment de l'exactitude militaire, n'étant pas encore arrivé, nous nous mîmes à table. Il arriva à une heure et demie, s'excusa de son retard, mais ne fut nullement froissé de n'avoir pas été attendu. Un imposant cortège l'accompagnait. Porté sur une chaise recouverte de la traditionnelle peau de léopard. il était escorté de troupes modernes, affublées de costumes européens, de casques analogues à ceux de l'infanterie anglaise, tenant difficilement en équilibre sur le volumineux chignon. Bien que chez ces troupiers la vareuse de drap ait remplacé la robe-cloche, que le casque ait pris la place du chapeau-passoire, leur allure n'en est pas plus martiale.

Dans l'escorte du ministre, on attira mon atten-

tion sur un soldat-ordonnance qui suivait pas à pas
Son Excellence, portant à la main un petit sac de
voyage. « Savez-vous ce que contient se sac ? me

Fig. 72. — La garde royale (ancienne tenue).

dit-on. — Non ! — Quelque chose de très, très
curieux. — Mais quoi encore ? — Le vase de nuit
du ministre. — Pas possible ! — Tout comme je
vous le dis. » C'est en effet le privilège des puissants
de « l'Empire du Calme matinal » que de pouvoir

se faire suivre de ce vase, que l'Europe dissimule de son mieux. Le plus grand honneur pour le subordonné est d'être autorisé par son supérieur à se servir de son « lacrymatoire de la décadence », pour rappeler le mot de Poitrinas dans la *Grammaire*.

En attendant le jour de l'audience impériale, les secrétaires d'Etat nous invitent à visiter les curiosités de la ville : le vieil arsenal, où se trouvent accumulés des flèches, des lances, des mousquets, en usage il y a quelques mois encore ; les nouvelles troupes royales sont aujourd'hui dressées à l'européenne par des officiers russes. Les officiers coréens sont équipés à l'européenne, mais leur pantalon, trop court, s'arrête parfois au-dessus de la bottine plus ou moins éculée. Le col est boutonné au hasard des crochets, et le casque, grâce au chignon, s'infléchit d'une façon anormale à tribord ou à bâbord. On dirait assez des figurants d'opéra-bouffe. Il ne faut pas quitter Séoul sans aller visiter l'Université, où des maîtres européens apprennent aux jeunes Coréens nos langues et les initient même à la gymnastique. Et ces longues et larges robes, s'agitant, s'ouvrant et se fermant en cadence, pendant les divers exercices d'assouplissement, sont du plus curieux effet.

III

Les salles du trône abondent — il y en a au moins deux superbes — à Séoul. Mais c'est dans une bi-

Fig. 73. — La garde impériale (nouvelle tenue).

coque que Sa Majesté, à l'heure présente, donne audience.

Il existe, côte à côte, deux palais abandonnés : l'un depuis longtemps, l'autre depuis cinq ans à peine, c'est-à-dire depuis que le souverain l'a subitement quitté pendant la nuit, pour aller se réfugier en lieu sûr, à l'abri des fusils des cosaques du ministre de Russie. Il sauvait sa peau et sa couronne, le pauvre monarque ; pendant ce temps, les Japonais assassinaient la reine et poussaient le raffinement jusqu'à attendre le jour pour photographier le cadavre et établir son identité.

Le souverain resta même assez longtemps l'hôte de la légation de Russie. Il venait de la quitter pour occuper un nouveau palais européen — bien laid d'ailleurs — construit à grands frais par un architecte russe, quand j'arrivai à Séoul. Un de mes amis, qui avait eu des affaires importantes à traiter avec le gouvernement coréen, me racontait que les divers ministères avaient, avec leur roi, émigré à la légation de Russie et avaient tous été installés dans un même salon, chacun derrière un paravent. Ce procédé avait l'avantage de simplifier notoirement les questions protocolaires et le nombre d'huissiers. Un seul, campé à la porte d'entrée du salon, suffisait à la besogne : « Le ministre de la guerre, s'il vous plaît ? — Derrière le paravent, à droite, au fond. » « Le ministre des finances ? — Derrière le paravent, en face. »

Cette situation était très drôle évidemment pour le globe-trotter. Elle l'était moins pour le roi et son entourage qui se demandaient avec angoisse ce qu'il allait advenir d'eux le jour où ils quitteraient ce « palais de gouvernement provisoire » un peu étroit, c'est vrai, mais en revanche si sûr.

Les deux palais se trouvent dans un superbe

parc, tout à fait abandonné à l'heure actuelle, et dans lequel les ruines et la végétation folle s'en donnent à cœur joie.

Les salles du trône, dans ces vieux palais, sont identiques : une vaste pièce, dans un temple de style chinois, aux toitures étagées, s'ouvre, du côté du

Fig. 74. — La salle du trône.

sud, par trois portes, auxquelles on accède par une large série de gradins.

Les proportions en sont fort imposantes : 40 mètres de long sur 15 de large et 10 à 12 mètres de haut. De nombreuses colonnes de bois peint supportent la charpente, dont on n'aperçoit que l'enchevêtrement terminal des poutres. Le plafond est formé de nombreux caissons, sur lesquels sont peintes, en rouge, bleu, or et vert, les figures allégoriques du dragon et du phénix. Au centre du plafond est creusé une sorte de dôme, au fond duquel se détache, horrible et grimaçant, un haut relief superbe, le dragon en bois doré.

Le trône, formé d'un fauteuil laqué de rouge, est placé sur une haute estrade à laquelle cinq ou six marches donnent accès. Derrière, se trouve un large paravent sur lequel sont peintes, à la mode chinoise, des montagnes en dents de chien ; des cascades, à l'allure un peu raide, se détachent sur un ciel bleu trop intense, dans lequel le soleil et la lune brillent à la fois.

On peut facilement se représenter par la pensée ce que devait, autrefois, avoir d'imposant, au milieu de ce décor, une réception de Sa Majesté, et se donner l'illusion du soi-disant luxe des potentats asiatiques.

IV

Ces illusions, celui qui en aurait encore devrait les laisser dès le seuil du nouveau palais provisoire.

Nous fûmes, le capitaine Vidal (1) et moi, reçus

-----

(1) Aujourd'hui lieutenant-colonel Vidal, commandant l'artillerie de la 32ᵉ division.

un après-midi par l'empereur. L'audience était
pour deux heures. A une heure et demie, nous quit-
tons la légation de France, en grand uniforme, et
montons dans nos chaises à porteurs, en compagnie
de notre ministre à Séoul. Le nouveau palais est à
deux pas de la légation de France. Nous franchis-
sons tout de suite la porte du palais : aussitôt un
appel aux armes retentit, en russe, et les soldats de
garde se rangent en hâte pour nous rendre les honneurs. Nous sommes déposés devant une salle d'attente basse, aux murs nus et blancs, uniquement
formés de feuilles de papier collées sur des châssis
mobiles, à la mode japonaise. Une table y est dressée, avec gâteaux, champagne et friandises. Nous
sommes reçus par un certain nombre de ministres
que nous avons déjà vus. Ils portent les habits de
cour, qui nous paraissent fort simples. Une chose
attire notre attention : la coiffure — encore le chapitre du chapeau ! — une sorte de casque, sans cri-
nière bien entendu, formé de crins blancs ou de
fibres de bambou tressés ; à la partie postérieure et
inférieure, débordant à droite et à gauche, se voient
comme deux petites raquettes. Cette coiffure est
l'ancienne coiffure chinoise de la dynastie des
Mings, et elle est des plus allégoriques. Ces deux
petites raquettes auxquelles je faisais allusion représentent à la fois l'oreille tendue pour mieux
saisir l'ordre du souverain et l'aile rapide à le
transmettre.

Nous attendions depuis un quart d'heure, quand

on vint nous prévenir que Sa Majesté daignait nous recevoir.

J'avais déjà eu une grosse déception la première fois que je vis le Fils du Ciel. Celle que me réservait l'audience accordée par l'empereur de Corée devait être pire.

Conduits par des interprètes indigènes, nous traversons un dédale de petits couloirs, puis arrivons devant une maison basse, aux murs de bois blanc et aux fenêtres de papier. C'est là que se trouve le souverain ! L'extérieur ne me dit rien qui vaille comme luxe et ne me laisse guère d'illusions sur ce que doit être l'intérieur.

Il n'y a même plus à en avoir dès qu'on a gravi les deux marches qui conduisent à l'antichambre, par une porte tellement basse qu'il faut se casser en deux pour passer.

La salle du trône — ô expression des mots ! — est une pièce tout à fait japonaise. Longue de 4 m. 50, large de 3 m. 50, haute de 3 mètres à peine. Ses parois sont formées de cadres mobiles, comme des feuilles de paravent, recouverts de ce fameux papier de Corée, si résistant. Rien contre les murs, rien au plafond ; c'est l'appartement nu par excellence. Il n'y a pas même une chaise.

Dans un coin, à droite, auprès d'une fenêtre, une table de bois blanc, à quatre pieds, est recouverte d'une serviette. Derrière, un petit homme, tout de blanc habillé, à l'air étonné et naïf, se tient debout, rappelant vaguement un pâtissier ambulant. C'est l'empereur ! Derrière lui, immobile et autrement imposant, un monumental eunuque. Sa Majesté serre avec effusion la main de notre ministre, qui fait les présentations. La conversation s'engage, laborieuse et banale, jusqu'au moment où Sa Majesté constate avec étonnement que deux officiers

Fig. 75. — Parc de l'ancien Palais.

français n'ont pas des costumes identiques. Il fallut alors lui expliquer que cette différence d'uniforme résultait de ce que nous n'appartenions pas à la même arme. Puis, nous subîmes une véritable revue d'habillement, le souverain examinant nos vête-ments en détail, questionnant sur tout, depuis les éperons de nos bottines jusqu'aux boutons du dolman, qu'il nous fit ouvrir, pour voir ce qu'il y avait dessous. Sa Majesté nous dit qu'elle tenait à se documenter à fond, car elle voulait que les officiers de sa garde fussent habillés tout à fait à l'européenne. Ils ont fort à faire pour réaliser ce vœu royal !

Pendant que nous nous entretenions avec l'empereur, de petits bruits secs, comme des craquements, de petites détonations, partant du fond de la salle, avaient attiré mon attention. J'eus bientôt la clef du mystère. Les dames de la cour, très intriguées par notre présence, faisaient avec le doigt des trous dans le papier et risquaient, par l'orifice, un œil indiscret.

L'audience dura dix minutes. Sa Majesté nous congédia en nous serrant la main. Nous regagnâmes la salle d'attente, où de nouveau du champagne nous fut offert, et quittâmes le palais, salués à la sortie par les troupes royales.

V

Autrefois, avant le deuil, l'empereur nous eût invités à une fête, fort intéressante, donnée en notre honneur. Un corps de ballet des mieux fournis nous eût exécuté les meilleurs pas de son répertoire chorégraphique. Nous aurions vu défiler les dames de la cour, à la coiffure bizarre, véritable chef-d'œuvre d'architecture capillaire, où le plein cintre et l'ogive s'associent en courbes plus ou moins élégantes, mais certainement encombrantes. La galanterie du souverain pour ses invités tenait de « l'hospitalité écossaise », car si, par hasard, l'un de ses hôtes

Fig. 76. — Dame de la cour.

avait l'air de trouver à son goût une des ballerines, Sa Majesté faisait donner l'ordre par un de ses chambellans, à la danseuse, de se trouver le soir, comme par hasard, dans l'appartement du noble

étranger. Mais le deuil avait fait taire les orchestres. La cour se préparait à la grande cérémonie
des solennelles obsèques de la souveraine assassi-
née. On répétait la cérémonie, et en débarquant à
Mapou nous avions vu une nuée de Coréens danser
en rond autour de bannières qui devaient figurer
dans le cortège, véritable bénédiction des étendards
funéraires !

VI

Cette question de l'enterrement de la reine prit
des proportions énormes. Le roi éleva la défunte
à la dignité d'impératrice, pour lui faire de plus
belles funérailles.

En matière d'enterrement la Corée imite la
Chine et après ce qui a été dit plus haut des funérailles de souverains chinois il sera intéressant de
connaître la façon dont il sera procédé en Corée
dans les mêmes circonstances.

Nous puiserons nos renseignements dans l'ouvrage très documenté du P. Dallet, dont nous avons
déjà parlé.

« En Corée, où la religion ne consiste guère que
dans le culte des ancêtres, tout ce qui concerne les
funérailles des rois est d'une importance extraordinaire, et la cérémonie de leur enterrement est la
plus grandiose qu'il y ait dans le pays. Le roi étant
considéré comme le père du peuple, tout le monde

sans exception doit porter son deuil pendant vingt-
sept mois. Ce temps se partage en deux périodes
bien distinctes. La première, depuis le moment de
la mort jusqu'à celui de l'enterrement, dure cinq
mois. C'est l'époque du deuil strict. Alors tous les
sacrifices des particuliers doivent cesser dans toute
l'étendue du royaume, les cérémonies des mariages
sont interdites, aucun enterrement ne peut avoir
lieu ; il est défendu de tuer des animaux et de
manger de la viande, défendu aussi de fustiger les
criminels ou de les mettre à mort. Ces règles sont,
en général, scrupuleusement observées. Cependant
il y a quelques exceptions. Ainsi les indigents de la
dernière classe du peuple ne pouvant conserver
leurs morts dans les maisons pendant un temps
aussi considérable, on tolère qu'ils fassent leurs
enterrements sans bruit et en secret, mais l'usage
est sacré pour tous les autres. De même, à la mort
du dernier roi, à cause des chaleurs intolérables
de l'été et de la nécessité de vaquer aux travaux
des champs, son successeur donna une dispense
générale pour l'abstinence. Outre ces dispositions
spéciales à la première période de deuil, il y en a
d'autres qui s'appliquent à la fois et aux cinq
mois qui précèdent l'enterrement, et aux vingt-
deux qui le suivent.

« Un ordre du gouvernement désigne quels habits
on doit porter. Toute couleur voyante, toute étoffe
précieuse est sévèrement interdite. Chapeau blanc,
ceintures, guêtres, habits, chemises, en toile de

chanvre écrue, tel est, sous peine d'amende et de prison, le costume de tous, jusqu'à ce qu'une nouvelle ordonance ministérielle permette de reprendre les vêtements ordinaires. Les femmes cependant ne sont pas soumises à ces règlements, parce qu'elles ne comptent absolument pour rien aux yeux de la loi civile et religieuse. D'ailleurs la plupart restent toujours enfermées dans l'intérieur des maisons. Pendant tout le temps du deuil, les réjouissances publiques, les fêtes, les représentations scéniques, les chants, la musique, en un mot toute manifestation extérieure de gaieté est absolument défendue. Il y a même, à ce qu'on dit, une ou deux provinces où la loi de l'abstinence s'observe pendant les vingt-sept mois consécutifs.

« Nous avons dit qu'aucun homme n'a le droit de toucher le roi ; cette défense subsiste même après sa mort. Quand il a rendu le dernier soupir, on prépare le corps, on l'embaume, on le revêt des habits royaux, par des procédés particuliers, sans que la main de personne ait le moindre contact direct avec lui. Puis on le dépose dans une espèce de chapelle ardente, et tous les jours, matin et soir, on lui offre des sacrifices avec accompagnement des lamentations convenables en pareil cas. Fréquemment, à certains jours marqués, toute la cour et les grands dignitaires du voisinage doivent assister à ces sacrifices. Le roi seul en est dispensé parce qu'on le suppose occupé des affaires de l'Etat. Il ne préside aux cérémonies que pendant les premiers jours qui suivent la mort, puis il délègue un prince de la famille royale pour tenir sa place. Aux heures des sacrifices, le peuple de la capitale ainsi que les nobles qui, n'étant point en fonction, n'ont pas le droit de pénétrer auprès du cadavre, se rendent en foule autour du palais et poussent des hurlements, des gémissements affreux pendant le temps fixé ; puis, chacun fait la génuflexion à l'âme du défunt et se retire. Dans les provinces, les principaux habitants de chaque district se réunissent, aux jours marqués, chez le mandarin et, tournés du côté de la capitale, ils pleurent et se lamentent tous ensemble officiellement pendant quelques heures, et se séparent après avoir fait la génuflexion à l'âme. Tout le monde ne pouvant se rendre chez le mandarin, les gens de chaque village se réunissent ensemble, et, sur une montagne ou sur le bord d'un chemin, observent de la même manière les mêmes cérémonies.

« Cependant, on fait tous les préparatifs nécessaires pour l'enterrement. Les géoscopes les plus renommés sont mis en réquisition pour indiquer un lieu favorable de sépulture. Ils examinent si la nature de tel terrain, la pente de telle colline, la direction de telle forêt ou de telle montagne doit porter bonheur et faire rencontrer la veine du dragon. En effet, selon les Coréens, il y a au centre de la terre un grand dragon qui dispose de tous les biens et de tous les honneurs du monde, en faveur des familles qui ont placé les tombeaux de leurs

ancêtres dans une position à sa guise. Trouver cette
position, c'est trouver la veine du dragon. Pour la
découvrir, les géoscopes se servent d'une boussole
entourée de plusieurs cercles concentriques, où sont
gravés les noms des quatre points cardinaux, et
des cinq éléments reconnus par les Chinois : air,
feu, eau, bois et terre. Chacun de ces devins fait
ensuite son rapport, et après des délibérations sans
fin sur un point aussi grave le roi et ses ministres
prennent une décision. On organise toute une armée
pour former le cortège qui portera le corps du défunt. Pour cela, chaque famille noble de la capitale fournit un ou plusieurs esclaves et les habille
selon l'uniforme voulu. Dans le principe, cet usage
très onéreux n'était qu'une marque de respect vo-
lontairement offerte ; aujourd'hui c'est une obligation à laquelle nul ne peut se soustraire. Certaines
corporations de marchands fournissent aussi un
nombre d'hommes déterminé et on recrute ce qui
manque parmi les valets des divers établissements
publics. Tous ceux qui doivent porter le corps étant
ainsi réunis, on les divise en compagnies ayant
chacune leur numéro et leur bannière, et on les
fait exercer, pendant le temps voulu, pour que la
cérémonie s'exécute dans le plus grand ordre.

« Le jour de l'enterrement étant enfin arrivé, on
place le corps du défunt dans son cercueil sur un
énorme brancard magnifiquement orné, et chaque
compagnie se relève pour le porter en pompe, jus-
que sur la montagne choisie pour lieu de sépulture.

Toutes les troupes sont convoquées, tous les grands dignitaires en costume de deuil accompagnent le roi qui, presque toujours, préside en personne à la cérémonie. On enterre le corps suivant les rites prescrits, et on offre les sacrifices d'usage, au

Fig. 77. — Arc de triomphe conduisant à un temple.

milieu des cris, des pleurs, des hurlements d'une foule innombrable.

« Quelques mois plus tard, un monument s'élève sur la tombe, et tout auprès, on bâtit un hôtel pour loger les mandarins chargés de garder la sépulture, et d'offrir, à certaines époques, les sacrifices moins solennels. Tout le pays environnant, quelquefois jusqu'à trois ou quatre lieues de distance, dépend désormais du tombeau royal, et toute autre inhumation est interdite. On fait même exhumer les corps qui ont été auparavant enterrés dans cet espace, ou si personne ne se présente pour les réclamer, on rase le petit tertre qui est sur les tombes afin d'en faire disparaître la trace et le souvenir.

« Chaque roi étant enterré à part, les sépultures royales sont assez nombreuses. Les nobles préposés à leur garde sont ordinairement de jeunes licenciés qui se destinent aux fonctions publiques. C'est pour eux le premier pas dans la carrière, et après quelques mois, ils obtiennent de l'avancement et passent à d'autres emplois, ils sont ordinairement deux ou trois ensemble, avec un établissement de serviteurs et d'employés subalternes, analogue à celui des mandarins. Outre le soin d'offrir des sacrifices, ils sont chargés de faire la police sur tout le territoire qui dépend du tombeau, car ce territoire est soustrait à la juridiction des mandarins ordinaires des districts. Les gardiens des tombes royales relèvent directement du conseil des ministres. »

*
* *

Ce qui vient d'être dit montre que les funérailles en Corée sont calquées sur celles de la Chine. D'ailleurs, la Corée a beaucoup emprunté au Céleste

Empire. Elle lui doit tout à peu près ; si elle n'est plus sous sa tutelle politique, elle est encore sous sa tutelle morale. La correspondance officielle se fait en chinois, langue tout à fait distincte du coréen, celui-ci étant un idiome alphabétique et celui-là une langue idéo-graphique.

Les lettrés coréens se nourrissent des classiques de la Chine et sont des adeptes du confucianisme. Enfin, il n'est pas jusqu'à son histoire nationale qui ne soit tributaire de la Chine. Tout ce que nous savons de la Corée remonte au commencement de l'ère chétienne et tous les documents sont d'origine chinoise.

La Corée a vécu en vassalité. Alternativement et parfois simultanément, le Japon et la Chine ont été ses suzerains ; la voilà indépendante aujourd'hui ! Après cette longue tutelle peut-elle saisir les bienfaits de cette liberté et n'est-elle pas de ce chef exposée à retomber un jour sous l'autorité politique de l'un de ses deux terribles voisins, pleins de convoitises et d'appétits, le Mikado ou le Tsar blanc ?

LE JAPON QUI DISPARAIT

Tout passe ; tout s'en va ! Hier, c'étaient les dieux ; aujourd'hui, c'est le Japon !

L'empire du Soleil-Levant entre à grands pas dans la voie du progrès. Ils s'européanise , disent les uns ; il s'américanise, répondent les autres, qui se posent en plus subtils connaisseurs de l'âme nipponne. Personnellement, à trois reprises différentes, j'ai pu constater les transformations rapides de cet intéressant pays. Je n'ai pu m'empêcher d'admirer la désinvolture avec laquelle la classe dirigeante a fait table rase de tout un passé gênant, et combien peu lui pesaient la routine et les préjugés qui étouffent la pauvre Chine et aussi notre vieille Europe.

Les Japonais nous ont tout emprunté : ils ont commencé par les canons, ils ont continué par la redingote et le chapeau haut de forme, et sont en train de finir par notre pudibonderie polissonne et jésuitique.

Je retrouve dans mes notes un article sur les *Bains au Japon*, écrit en 1897, à la suite d'un voyage fait en mai dans l'île de Kiou-Siou. J'ai appris que tout avait changé depuis, et que les charmants bains japonais de Onzen sont maintenant fréquentés par des Européens guindés. Aux pittoresques auberges japonaises ont fait place de monumentaux hôtels, éclairés électriquement, pourvus d'importants directeurs, de maîtres d'hôtels stylés ; on y dîne en habit et robe basse. Mais la civilisation — ou ce que nous considérons comme tel — en s'installant autour des *solfatares* d'Onzen en a effacé l'intérêt. Notre pudeur eût été choquée par le nu indigène, et maintenant Japonais et Japonaises doivent s'habiller pour se baigner.

Il n'en était pas de même il y a quelques années à peine, et nous ne pouvons que regretter cette transformation.

I

Notre snobisme nous fait nous pâmer d'admiration pour la propreté britannique. Incontestablement, si l'on pouvait établir une statistique entre la France et l'Angleterre, au point de vue des bains et de leur fréquence, rapportée à un habitant de l'un et l'autre pays, les sujets de Sa Majesté Edouard VII auraient sur les concitoyens de M.Loubet une certaine supériorité.

Si le Français est sale, si à peine un dixième de la population prend, en moyenne, un bain par mois, nous devons nous convaincre qu'il en est à peu près de même de l'autre côté du détroit. Si la *gentry* anglaise, elle, est propre, très propre même, l'ensemble de la nation ne l'est pas. Et les ouvriers de Saint-Etienne ou les paysans de la Gascogne n'ont rien à envier à leurs congénères de Manchester ou du Devonshire.

Il n'y a qu'un peuple propre, réellement propre, c'est le peuple japonais. L'empire du Soleil-Levant détient le record sous le rapport de la propreté. Et celle-ci y régnait en maîtresse bien avant que l'Europe pénétrât au pays des *mousmées*. Ce besoin de propreté est inné chez les Japonais, et les circonstances les plus graves, les plus périlleuses, ne font pas oublier aux sujets du Mikado qu'ils doivent être propres. Tels ils se sont montrés en juin, juillet et août 1900, lors des affaires de Chine. De sanglants combats furent livrés autour de Tientsin, dans lesquels les Japonais eurent à supporter le principal effort des troupes chinoises. Et tous les jours, quand les petits soldats allaient au feu, leurs habits blancs étaient immaculés : cette propreté vraiment extraordinaire fut une des principales causes d'admiration des officiers étrangers pour l'excellente armée japonaise.

Une première condition pour se laver, c'est d'avoir de l'eau ; or, à ce point de vue, le Japon a été admirablement pourvu par la nature. Les sources abondent d'eaux de toute sorte : claires, sulfureuses, chaudes, froides.

Il ne faut pas voir le Japon là où il est modernisé, dans les ports ouverts aux navires européens, comme Kobé, Yokohama ou Nagazaki. Il faut aller dans les petits villages de pêcheurs cachés au fond des criques de la côte japonaise, ou dans les petites villes situées dans l'intérieur des terres, que des routes bicyclettables vous permettent d'atteindre facilement. Là, l'indigène a gardé son caractère orginal et ne connaît pas encore le soulier verni et le chapeau de soie. L'impression qu'on éprouve, en pénétrant dans un de ces villages, est une impression de propreté parfaite, et les petites maisons de bois, ouvrant sur la rue par de larges baies, laissent voir partout la blancheur immaculée du papier recouvrant les cloisons mobiles qui séparent les chambres. Les *tatamis* (nattes) moelleux, qui cachent les parquets, sont vierges de toutes traces de boue et même de poussière, les habitants circulant dessus pieds-nus ou simplement chaussés de bas de toile blanche ; les soques de bois qui servent de chaussures sont laissées à la porte et l'Européen, invité à pénétrer dans l'appartement, doit, ou bien ôter ses bottines et circuler en chaussettes, ou bien passer sur ses chaussures une paire de larges chaussons en toile bleue que lui présente son hôte. Aussi, rien n'est plus drôle que l'effet produit par ces centaines de soques, qui se groupent en longues files devant les temples les plus fréquentés à certains jours de fête.

Sous le rapport de la propreté, la maison japonaise rendrait des points à la maison hollandaise, pourtant si bien tenue. On prétend que les femmes des Pays-Bas « lavent leurs escaliers avec leurs brosses à dents », ce qui veut dire que cette minutie de lavage et de balayage de l'immeuble n'est pas en corrélation avec les soins de propreté individuelle. Au Japon, tout va de pair, et l'on peut presque établir que chaque sujet du Mikado prend son bain quotidien.

II

Chaque maison, à moins qu'elle ne soit trop pauvre, a sa baignoire ; peut-on en dire autant de tous nos hôtels en France !

La baignoire japonaise est fort simple : une cuve en bois, de 250 à 300 litres de capacité, ayant environ un mètre de hauteur. Le chauffage de l'eau est obtenu au moyen d'un récipient de tôle, communiquant librement avec l'extérieur par un orifice pratiqué à la partie inférieure de la paroi de la cuve et dans lequel on brûle du bois. Celui-ci ayant très peu de valeur au Japon, le chauffage de l'eau occasionne une dépense minime. D'ailleurs , le même bain sert à plusieurs personnes : le père, la mère, les enfants passent successivement dans la même baignoire, nus comme des vers ; mais nous verrons plus loin que les Japonais ne professent pas, en matière de nudité, les mêmes idées que les Occi-

Fig. 78. — Baignoire japonaise.

dentaux. La température des bains est toujours fort élevée : 40 degrés et au-dessus sont tout au plus, là-bas, des températures de bains tièdes !

La femme serait, paraît-il, plus propre que l'homme, se baignerait plus souvent. Je ne sais ce que cette assertion renferme de vrai.

Le Japonais qui n'a pas le temps ou les moyens de prendre son bain à domicile, se rend à la piscine. Bien avant Rouen et Bordeaux, les villes du Japon avaient organisé le système des bains très bon marché.. et mixtes. Hommes, femmes, enfants, simplement vêtus de leurs cheveux, qui ne sont pas très longs, prennent leurs ébats dans le même réservoir.

III

Les sources d'eaux chaudes, minérales, sulfureuses, sont très en vogue au Japon, et les indigènes viennent de loin pour y faire des cures contre les dermatoses de toute sorte, les douleurs rhumatismales et la syphilis.

Au mois de mai 1897, j'ai eu l'occasion de faire, avec mon ami le capitaine Vidal, attaché militaire à la légation de France à Pékin, un très intéressant voyage à bicyclette autour de la presqu'île de Shimabarra, laquelle se trouve dans l'île de Kiou-Siou. Le pays est montagneux, volcanique, et les sources chaudes y abondent. Les bains de Onzen ont une très grande réputation au Japon et sont très fréquentés. Ce que j'ai vu à ces bains est tellement éloigné de ce que nous sommes habitués à voir dans nos stations des Pyrénées, que je crois bon de relater mon séjour dans ce curieux pays, et que mon récit aura l'avantage de faire connaître, non point les vertus thérapeutiques des eaux de Onzen, un peu trop lointaines pour être d'un usage courant, mais certains côtés assez spéciaux des mœurs japonaises, que peuvent à peine soupçonner les *globe-trotters* qui se contentent des impressions de voyage recueillies dans les grands centres déjà malheureusement européanisés.

Un matin, je me trouvais à Obama, petit port de pêche situé au pied des montagnes de Onzen, et je m'étais rendu au débarcadère pour voir arriver le bateau à vapeur qui fait le service entre ce point et la côte opposée, partant de Moggi, le point d'excursion classique de tous les voyageurs qui ont quelques heures à stationner à Nagazaki. De chaque côté de l'appontement se trouvent des établissements de bains très fréquentés, si j'en juge par les nombreux cris et éclats de rire qui en partent. Un coup de sifflet annonce l'approche du steamer. Et, au même instant, je me vois entouré d'une vingtaine d'individus des deux sexes, sortis en hâte de la piscine pour voir accoster le bateau : leurs vêtements étaient des plus légers, coupés sur le patron de celui que portait notre mère Eve avant la pomme. Je fus un peu surpris de ce déploiement de nu ; ma présence n'avait nullement l'air de gêner ces baigneurs en rupture de piscine. Une photographie instantanée, faite à ce moment-là par mon ami Vidal, me donne une vague analogie avec une silhouette de missionnaire au milieu de Cafres ou de Bassoutos.

On comprend très bien les : *Oh ! shocking !* indignés que pareil spectacle arracherait aux misses

Fig. 79 et *80.* — Les solfatares de Onzen.

anglaises et même françaises — si nos compatriotes voyageaient — arrivant par le bateau. Des plaintes ont, paraît-il, été adressées par des missionnaires anglais à l'autorité japonaise. Les révérends britanniques, avant de se montrer tellement sévères pour la nudité des Japonais, feraient mieux de penser à ce qui se passe dans le Royaume-Uni. A Brighton, on peut voir tous les jours, pendant la belle saison, les hommes se baignant en « adamistes ».

Les fameux bains sulfureux de Onzen se trouvent sur les montagnes qui dominent Obama, à 800 mètres d'altitude. Onzen est un petit village dont presque toutes les maisons sont des hôtels, dans lesquels s'entassent les nombreux baigneurs attirés par la réputation des eaux.

Le site est charmant, au milieu des arbres et des fleurs, car la végétation au Japon est particulièrement jolie : quelque chose d'intermédiaire entre la luxuriance maladive de la végétation des tropiques et l'imposante majesté de celle des régions du nord de l'Amérique. Les vapeurs sulfureuses qui se répandent abondamment dans l'atmosphère ne gênent en rien le développement des arbres, qui poussent vigoureux à côté de sources bouillonnantes.

L'eau sourd de partout : ici chaude, là froide, ailleurs sulfureuse. Dans certains points, la vapeur sort en jets puissants et sonores, par des anfractuosités de rochers. La terre tremble, l'oreille est assourdie, et le voyageur a la sensation de se trouver au milieu de trois ou quatre grands steamers lâchant l'excès de pression de leur chaudière. Dans le village de Onzen, une abondante source sulfureuse fournit de l'eau à 94 degrés centigrades. A dix pas d'elle, une source d'eau froide ordinaire à 12 ou 13 degrés permet, par un moyen de canalisation économique en bambous, d'amener dans les piscines un mélange à 45 ou 48 degrés. Hommes, femmes, enfants, absolument nus, se pressent, debout les uns contre les autres, dans de grandes cuves qui servent de baignoires. Le traitement comprend plusieurs bains quotidiens pendant une vingtaine de jours en moyenne. Est-ce pour raison de manque de serviettes, est-ce dans un but thérapeutique que les baigneurs ne s'essuient pas ? Je ne sais. Dans tous les cas, on les voit, en général, au sortir de la piscine, se promener sans vêtements, ou s'asseoir au bord du chemin dans le même costume, demandant aux rayons du soleil de vouloir bien les sécher.

Cette singulière habitude est même faite pour étonner un peu le voyageur étranger. Je me souviens, en effet, que mon compagnon de route et moi fûmes un tantinet surpris de nous trouver, comme nous débouchions du bois, dans une rue de Onzen, en présence de quatre jeunes personnes absolument nues. Beaucoup moins effarouchées que Diane en face d'Actéon, elles répondirent par un rire gai et sonore à notre *oaïo* (bonjour), et n'essayèrent pas de se dérober à l'indiscrétion de mon appareil photographique. Après ces dames, nous rencontrâmes

des hommes, également nus, puis d'autres femmes
aussi sans vêtements. Nous vîmes un certain nombre de ces dernières, toujours aussi peu vêtues, installées sur leur balcon, en train de se peigner, et
d'autres assises sur le bord de la route.

La nudité n'est pas inconvenante dans cet heureux pays, et le nu n'éveille même pas d'idées libi-
dineuses, en apparence tout au moins. Le nu ne
choque pas. Tout au plus peut-il éveiller un sentiment de curiosité plutôt enfantine que malsaine. Je
me souviendrai longtemps de mon arrivée à Shimabarra avec le capitaine Vidal. Nous descendons
dans une auberge indigène, et aussitôt nous deman-
dons un bain. On nous montre la classique baignoire, dans un coin de la cour, bien en évidence.
Sans doute, pour ne pas offusquer notre pudibonderie occidentale, la susdite baignoire fut dissi-
mulée derrière une tenture faite de quelques drapeaux japonais. L'un de nous se déshabille et se
met au bain. Mais à peine avait-il pénétré dans la
baignoire qu'une foule de Japonaises, gaies, rieuses,
espiègles, envahissent la cour, écartent les drapeaux
pour voir de près le voyageur. Il n'y avait plus qu'à
être galant. Nous engageâmes la conversation. Le
petit vocabulaire anglo-japonais que nous portions
avec nous nous permit de tourner quelques compliments. Nos charmantes visiteuses, de plus en plus
intéressées, il faut croire, ne paraissaient pas vouloir partir et assistèrent à nos deux bains, désha-
billages et rhabillages compris.

Plus voisins que nous de l'âge d'or, — qui, hélas ! pour le Japon touche à sa fin, — les Japonais sont restés fidèles aux idées de leurs ancêtres : le nu n'est pas obscène. Mais notre civilisation, pénétrant à grands pas, les oblige, peu à peu, à modifier leurs costumes et leurs idées morales. Est-ce un bien ? Dans tous les cas, ce soi-disant progrès enlèvera au Japon de plus en plus son originalité et le rendra de moins en moins intéressant au voyageur.

Déjà, les sociétés évangéliques anglo-américaines ont obtenu du gouvernement que les traîneurs de « pousse-pousse », jadis uniquement vêtus d'un linge faisant le tour de la taille et cachant les organes génitaux, fussent pourvus de vêtements ; le résultat a été une augmentation considérable des affections aiguës des poumons chez les « kourouma ». Les mêmes sociétés se démènent maintenant pour faire supprimer les bains mixtes. Elles sont arrivées déjà, à Kobé, à un certain résultat. La piscine est toujours la même : hommes et femmes sont toujours nus... mais on a tendu une ficelle pour séparer les sexes.

IV

L'Extrême-Orient nous avait devancés sous de nombreux rapports. Je ne veux pas parler ici de l'imprimerie, de la brouette ou de la poudre à canon, que tout le monde connaît. Mais, ce qu'on sait moins, c'est que depuis de nombreux siècles Chinois et Japonais appliquent, en hygiène, des principes que nous commençons à peine à soupçonner et dont l'application ne se répandra que très lentement dans notre pays, encore un tantinet fidèle au culte de la routine.

Je viens de parler du bain et de la propreté exquise des Japonais. Je terminerai en disant deux mots du massage, adjuvant précieux de l'hydrothérapie quotidienne.

Le massage vient de naître chez nous. Or, depuis les temps les plus reculés, il est pratiqué par les Extrême-Orientaux. En Chine, le massage est moins en honneur qu'au Japon, et surtout il s'y pratique d'une façon différente. Les Célestes font une sorte de massage mécanique, si je puis dire. Tantôt, ils se servent, à cet effet, d'une roulette de bois dur, qu'ils promènent d'une façon plus ou moins énergique et plus ou moins rapide sur la région malade. Tantôt, ils ont recours au martelage. La percussion du membre fatigué ou endolori est faite au moyen d'un petit maillet de bois, long de 20 centimètres, en forme de bouteille, — rappelant exactement l'aspect des *clubs* pour la gymnastique.

Ces mêmes Chinois, aujourd'hui figés dans un lamentable immobilisme, ont inventé il y a trois mille ans, sous le nom de *Con-Fou*, cette gymnastique que Ling mit à la mode au siècle dernier dans les pays scandinaves, et qui commence à pénétrer chez nous sous le nom de *gymnastique suédoise*, faisant payer très cher les séances orthopédiques des instituts Zender et autres de même genre.

Les Japonais ont surtout recours au massage manuel. Mais celui-ci y est fort en honneur. Au Japon le massage est médical et esthétique : on se fait masser parce qu'on est malade et aussi pour se bien porter ; par goût et par nécessité.

Le Grec qui se faisait frotter le corps d'huile pour conserver à son torse sa beauté plastique et sa pureté de lignes demandait, sans s'en douter, au massage des effets qu'il n'attribuait qu'aux vertus d'une bienfaisante huile aromatique. Au pays du Soleil-Levant, la gentille *mousmée* s'adresse au masseur pour conserver à son petit corps toute sa souplesse et sa grâce de chatte.

Le Japonais qui rentre très fatigué, après avoir pris un bain très chaud, se délasse en se faisant longuement masser les membres courbaturés. Ces effets bienfaisants du massage sont, tous les jours, mis en pratique par les *kourouma*, ces merveilleux traîneurs de *djinrikchâ* qui, attelés à un léger « pousse-pousse », sont parfaitement capables d'exécuter, dans la journée, à l'allure d'un bon cheval, 60 ou 80 kilomètres. Courts, trapus, la poitrine large et bombée, les jambes admirablement musclées, ces hommes sont taillés pour la course de fond. Mais leurs excellents mollets d'acier ne résisteraient pas longtemps au dur travail qui leur est quotidiennement imposé sans le massage qui, le soir, dès l'arrivée à l'étape, méthodiquement pratiqué, régularise la circulation, désengorge les muscles. Cette méthode a du bon : elle permet au coureur d'aller longtemps sans se « claquer », pour employer l'expression consacrée du sport. D'ailleurs cette méthode du *kourouma* japonais n'est-elle pas appliquée maintenant chez nous, soit pour les chevaux de course, soit pour les recordmen vélocipédiques ou pédestres, désireux de gagner le prix de Marathon ou de battre le championnat de l'heure ou du mille sur route ou sur piste ?

ENSE ET CRUCE !

BOXEURS ET MISSIONNAIRES EN MONGOLIE

Ense et cruce ! Par l'épée et par la croix ! C'est ainsi que nombre de nos missionnaires ont pu rester dans la Mongolie Orientale, leur foi en la religion du Christ solidement appuyée par des carabines Winchester.

Durant les troubles de 1900, dont le Nord de la Chine fut le théâtre, l'attention de l'Europe s'est surtout portée du côté de Pékin : pour beaucoup, le drame chinois se résume dans le siège des légations. Certes, la situation du corps diplomatique était aussi précaire que neuve, car l'histoire n'avait encore jamais enregistré ce fait peu banal : des ambassadeurs obligés de faire le coup de feu contre les troupes régulières du gouvernement auprès duquel ils sont accrédités !

Aussi, seules à peu près, les personnes qui ont

résidé en Extrême-Orient se sont-elles intéressées aux petits groupes isolés des missionnaires disséminés dans les provinces. Exposés au fanatisme délirant de foules haineuses, les uns ont été obligés de chercher leur salut dans la fuite, en des odyssées fantastiques, des randonnées vers la Sibérie, à travers le désert de Gobi, avec femmes et enfants ; les autres ont été contraints de résister les armes à la main et de faire le coup de feu sur l'infidèle.

Un prêtre n'a, paraît-il, pas le droit de verser le sang. Peut-il se défendre quand on l'attaque ? Cette grave question fut discutée par l'évêque de Pékin et son clergé, au cours du légendaire siège du Pétang, par les réguliers et les Boxeurs chinois et résolue par la négative. Les missionnaires s'interdirent de faire le coup de feu. L'évêque Turpin, jadis, prenant à la lettre le « Tu ne verseras pas le sang », se débarrassait de ses ennemis en les assommant. Les missionnaires de Pékin se contentaient de stimuler le zèle de leurs défenseurs, de leur donner l'exemple du calme et du courage. L'un d'eux même, le coadjuteur de l'évêque, conduisit une sortie dans laquelle un canon fut enlevé à l'ennemi.

Beaucoup de missionnaires organisèrent la résistance dans leur résidence, s'y fortifièrent, armèrent leurs chrétiens et, payant de leur personne, firent une défense acharnée. Leur énergie sauva la vie, parfois, à des centaines de fidèles. Espérons pour eux qu'au jugement dernier, quand ils devront se justifier d'avoir transgressé la loi divine en envoyant

Fig. 81. — Boxeur.

ad patres quelques Boxeurs, le bilan des existences de chrétiens arrachées aux massacres et aux tortures plaidera pour eux des circonstances très atténuantes.

Car elles étaient des plus raffinées, les tortures que les Boxeurs faisaient subir à leurs ennemis. Etre écorché vif était une des moindres. Beaucoup de malheureux qui tombèrent entre leurs mains *firent la chandelle*, selon l'expression chinoise, c'est-à-dire furent enduits de poix, suspendus par les pieds et dans cette triste position, rôtis vivants.

Je m'explique assez que malgré leur secret désir de cueillir la palme du martyre, beaucoup de missionnaires, en face des supplices qui leur étaient réservés, aient été avant tout des hommes, que l'instinct de la conservation leur ait crié : « Défends-toi ! » et qu'ils aient obéi à cette pressante injonction.

* * *

Deux jeunes missionnaires, que j'ai beaucoup connus, ont soutenu des sièges remarquables : le premier, dans sa chrétienté aux environs de Tien-Tsin, le second, en Mongolie, dans cette petite résidence même de Toun-kia-Yng-tze où j'avais, trois ans auparavant, séjourné pour étudier la peste.

Du premier je ne relaterai que l'épisode terminal de sa défense, car il est très curieux et présente une note un tantinet comique,

Depuis deux mois, le Père D... résistait dans sa chrétienté. Sa poignée de chrétiens, armés de vieux mousquets, avait arrêté les assauts des Boxeurs auxquels s'étaient mêlés les réguliers, attirés par l'espoir du pillage.

Dans les premiers jours d'août, le « père spirituel » reçut un parlementaire lui portant une lettre d'un des lieutenants du général Ma-Yu-Koun, retranché tout près de là, à Pei-tsang, pour barrer la route de Pékin aux alliés. Dans cette missive il était dit : « Si vous vous rendez, le général Mâ vous garantit la vie sauve pour vous et aussi pour vos chrétiens, à qui il permettra de se répandre dans la campagne. Si vous résistez, il vous enlèvera avec ses troupes bien disciplinées et armées à l'européenne. Choisissez. » Le Père D... répondit qu'il n'avait pas qualité pour trancher la question et demanda de pouvoir en référer à son procureur, qui habitait Tien-tsin, dont les alliés étaient les maîtres depuis quinze jours.

Au reçu de la lettre de son missionnaire, le procureur resta fort perplexe. Que faire ? Dans le doute, il alla demander conseil au consul général de France, mon très intime ami, le comte du Chaylard, homme de grande énergie et de décision rapide. Le consul n'hésita pas : « Il faut capituler, Mais que votre missionnaire fasse savoir au général Mâ que je le rends, sur sa tête, responsable de tout ce qui pourra arriver à l'abbé D... »

Le 4 août, au soir, le Père D... arrivait aux avant-postes du général ennemi, où il fut royalement traité. Le lendemain, au point du jour, il fut réveillé par un bruit assourdissant de canons et de fusils. En même temps, Mâ-Yu-Koun lui dépêchait un de ses officiers pour lui dire : « Faites rapidement vos paquets. Le général va partir, il veut que vous le suiviez. » Le missionnaire répondit qu'il allait faire diligence, et comme les figurants d'opéra qui hurlent « partons ! partons ! » et ne changent pas de place, il eut l'air très affairé, mais ne se hâta nullement. Peu d'instants après, le même officier revint : « Etes-vous prêt ? Le général monte à cheval. — Deux minutes, et tout est emballé », répondit notre missionnaire, mais avec l'intention de faire durer ces deux minutes une bonne demi-heure, s'il le pouvait. Bientôt nouvelle visite de l'émissaire : « Le général est parti et vous fait dire de le rejoindre. — Je le suis ! », et en disant cela le Père D... entendait bien ne pas passer de la parole à l'acte.

Pendant tout ce temps, la fusillade et la canonnade faisaient rage. Le missionnaire pensa qu'une bataille sérieuse était engagée et que les Chinois étaient en retraite.

Bientôt, il se vit entouré de soldas débandés qui allaient lui faire un mauvais parti. Son catéchiste et lui les mirent en joue et les tinrent en respect. Ils crurent prudent de leur céder la place, leur abandonnant leurs bagages qui furent aussitôt pillés.

Ils coururent alors du côté d'où paraissait venir

le bruit de l'attaque et ne tardèrent pas à tomber dans les rangs des Japonais qui, tout d'abord, prirent le Père D... pour un Chinois. Il se fit aisément reconnaître et les soldats du mikado lui facilitèrent sa retraite sur Tien-tsin.

Il traversa la ville en coup de vent, fut pris pour un régulier en déroute par un de nos soldats qui fit feu sur lui... et le manqua heureusement. Echevelé, la face congestionnée, suffoquant, il tomba, comme un aérolithe, chez son procureur ahuri. Son premier mot fut : « Donnez-moi vingt hommes et je m'empare du général Mâ ! » Le procureur, très calme, croyant à quelque accès de manie aiguë, lui fit donner une tasse de camomille et le conduisit se coucher. Quand il fut au lit il ajouta : « Dormez, calmez-vous et demain vous nous narrerez votre aventure. »

Le lendemain il conta cette odyssée extraordinaire et il avait à peine fini qu'un de ses chrétiens qu'il avait abandonné dans le camp ennemi, arriva porteur de cette missive singulière, écrite par le général Mâ-Yu-Koun : « Je regrette que les troupes européennes ne m'aient pas prévenu, dès la veille, de leur intention de m'attaquer hier. Cela m'eût permis de prendre congé de vous d'une façon moins soudaine. Excusez la brusquerie de la séparation. J'espère que vous êtes arrivé en bonne santé à Tientsin. Je vous envoie mes compliments par le chrétien à qui j'ai remis de l'argent et serai heureux de recevoir de vos nouvelles. »

Ce général chinois, Dieu me pardonne, écrivait comme un maréchal de l'époque de la *Guerre en dentelles !*

*
* *

La lettre qu'on va lire plus loin a trait à la défense de la résidence de Toun-Kia-Yng-tze, au pied du plateau de Mongolie. La résidence occupe le fond d'une véritable cuvette, dans la vallée de So-leu-kô et je me demande encore avec étonnement comment le Père Léon, avec un armement aussi médiocre que celui qu'il avait, placé dans une position aussi désavantageuse que celle qu'il occupait, a pu non seulement résister si longtemps, mais surtout prendre l'offensive et mettre en fuite un ennemi dix fois plus nombreux. Décidément, même à l'autre bout du vieux continent, cet aphorisme antique reste toujours vrai : « Ce sont les hommes et non point les remparts qui font une citadelle. »

« Mia-Kia-tze (1), 14 novembre 1900.

« Cher Monsieur le docteur,

« Vous vous rappelez bien m'avoir envoyé une masse de journaux ; depuis lors, bien des choses

(1) Reçue le 5 avril 1901.

se sont passées et pour vous et pour moi. Je serais très curieux de connaître un peu en détail tout ce que vous avez enduré et pour vous mettre en appétit d'écrire, je vais un peu vous narrer nos aventures au Weï-tchang.

Fig. 82. — La résidence de Toun-Kia-Yng-tze.

« J'avais envoyé un courrier à Pékin, pour vous remercier. Mais arrivé à la « Vallée des Tigres », il ne trouva aucun chrétien au village et c'est dans les montagnes qu'il découvrit mon confrère Segers, caché. Le jour auparavant, sur une accusa-

tion du sous-préfet de l'endroit, le Tou-Toung (1)
de Jéhol avait envoyé cinq cents soldats, pour
réprimer la soi-disant révolte du prêtre et des chrétiens de la « Vallée-des-Tigres ». Le Père Segers
avait pu échapper ; le prêtre chinois Ou fut pris et
emmené par le mandarin. Le Père Segers, dès qu'il
vit mon courrier, décida de venir avec lui au Weï-
tchang (2). Pendant la nuit, ils traversèrent un village où les « Boxeurs » faisaient leurs exercices.
Ils se mettent, de suite, aux trousses de M. Segers
qui, à la première alerte, s'enfuit, pendant que le
courrier se cache dans les broussailles. Celui-ci
m'arriva trois jours après. S'il avait été à cheval,
probablement que mon confrère eût pu se sauver.
J'ai appris plus tard que le Père avait été pris et
livré au mandarin de Jéhol, où il a été assez bien
traité, jusqu'au décret de la sixième lune, qui con-
damnait les prêtres à rentrer en Europe et les chrétiens à apostasier. Alors, il a été conduit à la pré-
fecture de Lan-Pin-Hsien ; on lui a assuré qu'on
allait le renveoyer en Europe. Arrivé au bord du
Lan-Hô, on lui a asséné quelques coups, et on l'a
mis, encore vivant, dans la fosse qui était déjà
prête. Quelques jours après, on a jeté son cadavre
dans le fleuve.

« Au Weï-tchang, le jour avant que mon courrier

---

(1) Gouverneur militaire.

(2) Le Weï-tchang est le territoire, aujourd'hui déboisé, sur
lequel s'étendaient jadis les forêts impériales.

revînt, les Boxeurs tuaient deux chrétiens, pour
sacrer leurs sabres et leurs lances. C'était à quinze
kilomètres de ma résidence. Le jour après, ils
allèrent assiéger King-Eull, à vingt-cinq kilomètres
de Toung-Kia-Yng-tze et, après avoir été repoussés
d'abord ils pénétrèrent dans la place, aidés de cinq
cents païens et de quelques soldats venus à la rescousse. Ils tuèrent presque tous les chrétiens, à
l'exception de quelques hommes qui purent
s'échapper à la faveur des ténèbres et ils incen-
dièrent le village, après l'avoir pillé. Le lendemain,
une quarantaine de chrétiens furent massacrés à
Ta-tsou-taï. Puis ce fut le tour de Ma-lien-tao (où
vous êtes venu pour la peste, au delà de la Grande-
Montagne). Là, personne ne fut tué, tout le monde
étant venu chez moi, mais tout fut incendié.

« Deux jours après, j'appris que les Boxeurs
n'étaient pas très nombreux et je résolus de les
attaquer. Je choisis vingt fusils et vingt lances et,
à minuit, nous nous mîmes en marche. Un peu au
delà de la Source-Chaude, nous trouvâmes les
Boxeurs qui, avertis, étaient venus à notre rencontre. Dès qu'ils nous voient, ils se mettent à in-
voquer les esprits, à brûler les bâtonnets odoriférants et ils arrivent sur nous, à la file indienne.
Tous mes fusils crépitent : j'entends les balles frapper sur la poitrine du premier Boxeur, mais il ne
tombe pas. Je me dis qu'il faut vaincre ou mourir
et je me jette au milieu d'eux, de peur que mes
chrétiens, ne les voyant pas tomber et les croyant

invulnérables, ne s'enfuient (1). J'en abats deux d'un coup de mon Winchester. Je vois tout à coup un bonnet rouge derrière mes talons : je me retourne et le tue. Je l'ai échappé belle ! Il levait son sabre pour me larder, lorsqu'un chrétien le poussa à terre et que je lui envoyai une balle. Pendant ce temps, mon confrère H... en tuait trois, à bout portant, et les chrétiens achevaient le reste. Ceci se passait à mon aile droite ; à mon aile gauche, cela marchait moins bien : il n'y avait pas de prêtre ! J'y cours. J'en abats deux et il y en a deux qui s'enfuient. Le combat était à peu près fini. A l'aile droite, nous avions trois blessés et un mort. Une centaine de païens et quelques chasseurs, en voyant tomber les Boxeurs, s'enfuirent, en nous expédiant quelques décharges qui ne nous firent pas de mal. Je vais voir pourquoi les balles de nos chrétiens n'ont pas plus d'effet sur les Boxeurs : c'est facile à expliquer. Sous leurs habits, ils ont une cuirasse de papier épaisse de deux doigts. Moi, je suis persuadé que ces gens-là sont hypnotisés et sous la volonté de leurs chefs, lorsqu'ils font les « rites »

---

(1) Les chefs du parti boxeur prétendaient que par les prières, incantations, signes cabalistiques, de « célestes guerriers » devaient s'incarner en eux et leur donner l'invulnérabilité et l'insensibilité. Dans ce mouvement révolutionnaire, un charlatanisme habile exploita la suggestibilité très grande des Chinois, pour trouver des recrues. J'ai eu l'occasion d'étudier ces questions de psychologie des foules dans plusieurs communications et articles. Elles se trouvent résumées dans le chapitre « Hystérie et Boxeurs » de *Superstition, crime et misère en Chine.*

que ceux-ci leur prescrivent, car un Chinois n'a pas assez de courage pour affronter la mort de la sorte.

« L'ennemi laissait une trentaine de cadavres sur le champ de bataille. Nous retournons triomphants !

« Le 27 juillet, je suis, de nouveau, appelé à Ma-Kia-tze ; le mandarin a levé cinq cents hommes pour détruire l'église. J'y arrive, mais entre temps, plusieurs païens influents se sont entremis et il n'y a plus tant de danger.

« Le 28, à onze heures du soir, arrive le fameux décret qui force les chrétiens à apostasier et les prêtres à se livrer pour retourner en Europe (mais en réalité pour être massacrés !) Mon confrère V... a des scrupules, il dit qu'on doit peut-être obéir aux décrets de l'empreur ; je lui réponds que si on pouvait faire foi sur les Chinois comme sur une nation européenne, il faudrait obéir, mais que pour le Chinois il ne faut pas s'y fier, et que c'est sûrement aller à la mort. Pendant notre discussion, arrive un courrier de So-leu-Kô apportant la nouvelle qu'un millier d'hommes est prêt à nous attaquer. Je dis à mon confrère : « Faites ce que vous voulez, quant à moi, je pars me battre contre ces mécréants. »

« J'arrive à Toung-Kia-Yng-tzé à six heures du matin, le 29. Je mange un morceau et je me couche. Bientôt, on vient me dire que l'ennemi avance. Je prends mes armes et vais m'installer, dans une tranchée que j'ai faite, sur la colline ouest. Je vois

qu'ils arrivent en masse. Pendant qu'ils arrivent,
je vais vous rafraîchir la mémoire.

« A l'est de la résidence, vous avez le grand
rocher rouge, à l'ouest, des collines hautes d'une
vingtaine de mètres et sur celles-ci, un mur en terre,
qui arrive jusqu'en face du chœur de l'église. Je
pensais avoir affaire à un combat sur le front sud
de l'église. Mais les ennemis s'étaient concertés
autrement. Ils se divisent en quatre bandes, l'une,
composée de plus de deux cents bons chasseurs,
descend en ordre de tirailleurs de la montagne
ouest, l'autre formée de cinquante soldats, armés
de mousquetons de cavalerie, monte sur le rocher
est ; une troisième descend les montagnes au nord
de la résidence, et enfin les Boxeurs prennent le
pied des collines, à l'ouest, se cachant dans les plis
de terrain. Je n'avais pas compté sur les fusils des
soldats et ne m'étais pas couvert du côté est. Immédiatement la position devient intenable dans
ma tranchée. Je dis à tous nos hommes de rentrer
dans l'église, et je rentre le dernier. Heureusement, quoique les balles pleuvent autour de nous,
nous rentrons sains et saufs. Nous sommes aussitôt entourés. J'avais partout élevé des échafaudages : impossible d'y rester. Mon compagnon, le
Père Hazebruck reçoit une balle dans la cuisse.
Partout l'ennemi fait des trous dans le mur de
terre qui court sur la montagne ouest et il nous
fusille tout à son aise. Pourtant nous lui tuons une
dizaine d'hommes ; nous en perdons six. Vous

comprenez la position : partout ils nous dominent, nous devons tirer des fenêtres des maisons. Si les Chinois avaient, ce jour-là, attaqué la grande porte, nous étions perdus, je croyais vraiment que le lendemain, tout serait fini. Mais, pendant la nuit, un chrétien a l'idée d'enlever le plancher de l'église, pour protéger nos échafaudages. Bonne idée ! et qui nous sauvera. En une nuit, tout est arrangé.

« Le lendemain, on se bat de nouveau. Tout le village flambe, mais, heureusement, le vent est bon et la fumée ne nous gêne pas. Ce jour-là et le lendemain, je vois, successivement, incendier sept villages. Tous les jours, les Boxeurs donnent un assaut à l'angle nord-ouest de la résidence, mais tous les jours, on les reçoit bien et ils sont forcés de se retirer.

« Le soir, je descends de mon échafaudage et on me dit qu'il n'y a plus d'eau ; le puits est à sec. On décide qu'on courra le risque d'aller en chercher à la rivière (1) ; cela réussit et je fais approfondir le puits. Le lendemain, on va de nouveau à la rivière. Mais l'ennemi est prêt à nous y recevoir ; un de mes hommes attrape une charge de plomb dans le ventre ; tous reviennent en abandonnant leurs seaux. Le puits contient au plus quarante seaux d'eau, mélangée de boue, le tout ayant un petit goût de pétrole, car, en creusant, on a ren-

---

(1) Qui coule aux pieds des Rochers Rouges de l'est, à 150 mètres de la grande porte d'entrée de la résidence.

versé la lampe. C'est peu pour neuf cents personnes.

« Nous arrivons ainsi au jeudi matin. J'étais à
mon poste, quand je sentis l'odeur de pétrole. La
grande porte était en feu. Je me précipite et vois
les chrétiens sortir en masse : je me mets à leurs
trousses ; on se bat furieusement et après quelques
minutes, l'ennemi est mis en fuite. On le poursuit,
on tue ; un homme s'attaque à dix. J'envoie six
hommes contre une trentaine de « chasseurs »,
mais ceux-ci détalent à toute vitesse ; ils sont frappés de panique. Je défends aux chrétiens de poursuivre plus loin. La victoire est belle, mais chère-
ment achetée. Nous avons une trentaine de morts
et autant de blessés, soit ce jour, soit les jours pré-
cédents. Nous leur avons tué au moins deux cents
hommes.

« Tout à coup, arrivent soixante hommes envoyés de Mia-Kia-tze à notre secours ; ils arrivent
trop tard. Ils nous demandent de nous réunir tous
à Mia-Kia-tze, car on craint un retour de l'ennemi.
Nos chrétiens voyant ces soixante fusils en plus me
demandent de poursuivre, tous ensemble, l'ennemi
pour incendier ses villages et reprendre le butin ;
mais je leur dis de n'en rien faire, qu'on saura
bien forcer les Chinois à rendre gorge, une fois la
paix conclue à Pékin. Ils ne me croient qu'à moitié
et m'objectent l'affaire de Pakéou. Mais je leur
réponds que ce temps est passé et que cette fois-ci,
on montrera qu'on ne se moque pas impunément
de la France, la protectrice des missions.

« Réellement, si à ce moment, j'avais voulu aller à Ha-ia, personne n'aurait pu me résister. J'étais le maître du pays. Beaucoup de païens fuyaient de tous côtés, persuadés qu'on allait leur rendre la monnaie de leur pièce. Car c'étaient surtout les païens de dix lieues à la ronde qui avaient voulu nous détruire. Les Boxeurs n'étaient pas plus de quatre-vingts. Mais ce sont les « chasseurs » qui étaient terribles ! Si, en courant aussi vite que possible, vous traversiez la cour, vous étiez à peu près certain d'avoir la tête cassée. Et ils tiraient à cent cinquante mètres ! Je crois que je puis me féliciter de la victoire, car la position était très critique et la résidence pas facile à défendre. Nous avons pris à l'ennemi cinq canons chinois (des fusils où l'on peut fourrer le poing) et cinquante fusils, plus des sabres et des lances ; deux cents hommes, dont cent armés de fusils et le reste de lances, avaient mis en déroute sept à huit cents ennemis.

« Je vous épargne le récit de notre odyssée vers Mia-Kia-tze. Nous avons passé les trois montagnes, en deux jours, avec un jour de pluie. C'est plus fort qu'Annibal qui n'avait avec lui ni femmes, ni enfants pour passer les Alpes. Arrivé à Ma-Kia-tze, je suis tombé malade de fatigue. J'ai eu une bonne fièvre, pendant huit jours, mais il y avait de quoi. En sept jours, je n'avais pas dormi huit heures, mangeant une tasse de millet par jour. A peine un peu remis, mon confrère Van Acht tombe malade et meurt, probablement du typhus compliqué de pneumonie. Le Père chinois Kia est emporté en cinq jours, par la peste. Je me trouvais alors seul, avec deux jeunes confrères. Heureusement, les bons décrets sont arrivés et depuis lors, nous jouissons d'une paix relative, troublée seulement par la crainte de l'arrivée des soldats fugitifs qui ont pillé Ha-ta....

« 17 novembre.... Mais voici que je reçois d'autres nouvelles. Le 1ᵉʳ novembre, dix mille hommes sont allés assiéger la résidence épiscopale des Pins. Heureusement que, deux jours auparavant, quatre-vingts soldats russes y étaient arrivés de King-Tchô (1). On s'est battu pendant deux jours. Alors, d'autres soldats russes sont arrivés à la rescousse et le siège a été levé. Tous les villages chrétiens ont été brûlés et voilà deux mille familles sans feu, ni lieu. Les Russes se sont retirés, après quinze jours, laissant deux cent cinquante hommes, pour protéger la résidence.

« Mais c'est nous qui sommes dans de beaux draps ! Tous les païens rêvent de se venger de nous et s'il arrive seulement quelques-uns de ces brigands qui ont attaqué les Pins, alors certainement, nous passerons un vilain quart d'heure. Ah ! la politique est une jolie chose ! Et quand il ne faudrait qu'un bon millier de soldats pour pacifier tou-

____

(1) Ville de Mandchourie, sur la ligne du chemin de fer mandchourien de Moukden, et grand centre commercial.

te la Mongolie Orientale, on laisse les troupes se frotter tranquillement le ventre, dans les environs de Pékin. Qu'on envoie les Belges et les Hollandais; on ne sait, probablement qu'en faire là-bas (1). A quand la paix ? »

(1) Le missionnaire supposait que toutes les nations représentées à Pékin avaient envoyé des troupes pour délivrer leur ministre et leurs nationaux assiégés.

A LA RECHERCHE DE LA PESTE (1)

UN RAID EN MONGOLIE ORIENTALE

La nouveauté, l'imprévu diminuent, chaque jour, pour les voyageurs. Les chemins de fer, les télégraphes, l'Agence Cook et les affiches du *Chocolat Suchard* ou de *l'Emulsion Scott* pénètrent partout, détruisant l'originalité primitive des pays.

L'Extrême-Asie a, par places, échappé à cette invasion. C'est au moins ce qui m'a semblé au cours d'un petit raid effectué en août, septembre et octobre 1897, dans la Mongolie orientale, à la recherche de la peste bubonique.

La voilà bien la vie au grand air, au trop grand air même, celle du voyageur qui s'élance vers le plateau de Mongolie, au milieu de la *Terre des Herbes*, des paisibles et nomades tribus mongoles qui jadis se ruèrent en flots impétueux, vers l'Ouest,

(1) *Revue d'Asie*, 15 décembre 1902, 1er et 15 janvier 1903.

arrivant aux portes de Vienne en de farouches che-
vauchées, véritables tourmentes d'hommes et de
chevaux, refoulant tout sur leur passage, et ne laissant derrière elles que la désolation et la mort !

Dans cette solitude, mieux que nulle part ailleurs, mieux qu'en mer même, on a la sensation de
l'espace libre devant soi. La poitrine s'y distend
à l'aise. Adieu le bruit de la ville, l'assourdissant
roulement des voitures, le cri aigre du camelot,
la corne de l'automobile ! Ici, un calme de mort,
un silence presque effrayant, qui vous donne une
sorte de vertige ; seul le sabot de votre intrépide et
énergique poney résonne sur le sol de la prairie de
« l'Orient lointain », dont le caractère est bien
différent de celui de la prairie du « Far-West »
américain.

Cette solitude a cependant son charme, très spécial, mais intense, fait de tristesse et d'isolement.
L'œil se complaît à la contemplation de cet horizon qui fuit devant vous, illimité, dont la vue et
l'esprit ne peuvent mesurer l'étendue, toujours le
même, monotone peut-être et pourtant pas banal.
La sensation qu'on y éprouve est poignante et
douce.

> Ce profond sentiment triste et délicieux,
> Qui devant l'infini met des pleurs dans nos yeux.

Là, vraiment, on a conscience de la petitesse de
son être, perdu au milieu de l'immensité de cette

mer qui déroule, sans trêve, ses ondulations régulières et interminables de verdure.

Des jours et des jours, vous pourriez galoper sans que le paysage change. Et, si pendant tout ce temps-là vous pouviez dormir, à votre réveil vous croiriez ne point avoir bougé, tant l'endroit où vous vous

Fig. 83. — Un obo.

trouveriez aurait d'analogies avec celui que vous auriez quitté au début de votre sommeil. De temps à autre, des troupes d'antilopes, de chevreuils, passent, rapides, en coup de vent ; un oiseau de proie pousse son cri strident au-dessus de votre tête, mais nulle part, vous n'avez de point de repère, pouvant vous donner une idée de votre marche, de votre vitesse, de la distance parcourue.

Par hasard, rencontrerez-vous de temps à autre, un petit tas de pierres. Cette construction d'une rudimentaire simplicité, de forme conique en général, que surmontent quelques branches desséchées, auxquelles sont attachées des lambeaux d'étoffe rouge, jaune, bleue est un *obo*. C'est l'autel rustique dressé par les Mongols qui viennent là, à certaines époques, brûler des bâtonnets odoriférants, réciter des prières, offrir des sacrifices aux nombreuses divinités du *lamaïsme*. Ces *obos* sont peu élevés, 1 m. 20 et 1 m. 50 au maximum. Mais quelques-uns, qui jouissent d'une très grande réputation, sont d'assez imposantes constructions, souvent entretenues aux frais de l'empereur de Chine.

La Mongolie commençait, jadis, derrière la *Grande Muraille*.Cette colossale construction avait, à grands frais d'hommes et d'argent, été élevée par les souverains chinois, pour s'opposer aux incursions des bandes tartares, deux mille ans avant Jésus-Christ. La Chine s'efforçait déjà de vivre dans un superbe isolement.

Cette fameuse muraille fut plusieurs fois franchie ; à maintes reprises les Tartares firent des incursions victorieuses dans la Terre-Fleurie, s'y installèrent en maîtres, et des dynasties, tantôt Mongoles, tantôt Mandchoues, gouvernèrent l'Empire du Milieu.

Peu à peu, sans secousses, la Chine a conquis ses vainqueurs d'abord, leurs territoires ensuite : conquête morale de ceux-là, conquête agricole de ceux-ci. Les derniers venus, les Mandchoux, qui règnent encore, se sont fondus dans ce grand tout qu'est la Chine. Cette race guerrière, audacieuse, s'est vautrée sur la Chine ; la jouissance de sa victoire l'a en quelque sorte émasculée et maintenant, le Mandchou transformé a perdu sa rusticité, s'est affiné au contact des Célestes et du caractère primitif de sa race rien ne reste, si ce n'est la langue chez les princes et quelques dignitaires.

A leur tour, les Chinois, actifs, travailleurs, économes, ont franchi la muraille, louant la terre aux roitelets mongols, la mettant en valeur, en tirant tout ce qu'elle peut donner par leurs ingénieux et pourtant préhistoriques procédés de culture. Avec la charrue, ils ont, par une progression lente, fait reculer le vainqueur, insouciant et paresseux. Et aujourd'hui, les tribus mongoles campent, avec leurs troupeaux, bien au nord de la muraille, dans les solitudes de la *Terre des Herbes*.

A l'époque où je fis mon petit voyage — août, septembre et octobre 1897, — dans la Mongolie orientale, bien peu de nos nationaux avaient parcouru ces contrées intéressantes et relativement peu connues. De la Mongolie, on connaissait surtout la portion comprise entre Kalgan et Ourga, c'est-à-dire le trajet suivi par la poste russe et les caravanes de thé, qui par Ourga et Kiarta, gagnent ensuite Irkoustk.

J'avais appris qu'une singulière maladie régnait dans une petite chrétienté, à environ 13 ou 14 jours

de cheval au nord de Pékin et à une distance à peu
près égale à l'ouest de la fameuse *Barrière des
Pieux*, qui — par parenthèse — figure encore sur
les meilleurs de nos atlas, représentée par un entre-
croisement de lignes noires, véritables chevaux de
frise, courant du sud-ouest au nord-est. Or, il y a
de nombreux lustres qu'elle n'existe plus, si ce n'est
dans l'esprit des géographes en chambre, qui n'ont
jamais franchi les boulevards extérieurs. Seul un
petit remblai de terre sur lequel sont plantés des
ormes et des saules indique encore l'ancienne frontière, plutôt commerciale que militaire sans doute
de la Mongolie et de la Mandchourie.

De renseignements rudimentaires et parfois con-
tradictoires fournis par les Chinois, j'avais pu supposer que la maladie en question était la peste bubonique, qui depuis quelque trois ans, d'ailleurs,
faisait beaucoup parler d'elle dans le sud de la
Chine. C'était là, pour un médecin un peu curieux,
un fait fort intéressant. Comment cette maladie
avait-elle pénétré dans ces contrées perdues et à
peu près sans communication suivies avec le reste
du monde ?

Il me fallait d'abord savoir si cette maladie était
vraiment la peste.

Pour en avoir le cœur net, je fis une sorte de
questionnaire très étendu ; les réponses devaient
être simplement *oui* et *non*. Je le mis sous enveloppe, à l'adresse du missionnaire inconnu de moi,
qui devait, probablement, se trouver dans la région

visitée par la maladie, et ce pli fut déposé à l'évêché de Pékin, pour y attendre qu'une occasion se présentât de le faire parvenir aux missionnaires belges de la Mongolie Orientale. Deux mois et demi se passèrent et je reçus des réponses très précises à mes nombreuses questions, adressées par

Fig. 84. — L'emplacement de la Barrière des Pieux.

un prêtre des plus distingués, le Père de Beule, qui, par un heureux hasard, se trouvait être le curé de la petite chrétienté de Toun-Kia-Yug-tzé, au pied du plateau de Mongolie, dans la vallée de So-Ieu-Kô, c'est-à-dire en plein centre de l'épidémie.

Les indications étaient tellement catégoriques, que je ne pouvais avoir aucun doute. C'était bien la peste bubonique qui, depuis quelques années, exerçait ses ravages dans ce coin de la Mongolie Orientale. Il ne me restait plus qu'à aller sur les lieux satisfaire ma curiosité de médecin.

Le chargé d'affaires de France d'alors, M. G. Dubail, m'autorisa à quitter Pékin pour un temps indéterminé. Son collègue de Russie ayant appris que je soupçonnais l'existence de la peste en cette région de la Mongolie, fut fort intéressé par ma mission. Il me demanda de lui réserver, à mon retour, la primeur de mon rapport médical pour pouvoir le communiquer par télégraphe à Pétersbourg et poussa même l'amabilité jusqu'à m'offri deux ou trois cosaques d'escorte, offre que je déclinai, estimant que je pouvais parfaitement faire seul, avec mon fidèle Jules, mon domestique chinois (1).

Les voyages, en effet, dans ces régions éloignées, la Tartarie dont le nom seul évoque, pour beaucoup de nous, des idées de sauvagerie, de tortures terribles, cet autre bout de notre continent où notre

---

(1) La possibilité de la contamination de la Sibérie intéressait fort la Russie. A mon retour, je communiquai au ministre de Russie mes observations, la constatation de la peste et les voies qu'elle pourrait suivre pour gagner la Sibérie. La chose fut aussitôt télégraphiée à Pétersbourg.

Pour reconnaître l'intérêt de ma mission, le gouvernement russe me conféra la croix de Sainte-Anne. Trois missions médicales russes furent peu après envoyées en Mongolie pour y constater la présence de la peste. L'une conduite par le docteur Demaschine — que je rencontrai en 1899 à Pékin — visita les contrées que j'avais traversées et vérifia en tous points mes constatations.

imagination complaisante voit encore grouiller les hordes effrayantes d'Attila, Timour ou Gengis-Khan — les voyages, dis-je, se font facilement et l'Européen y est certainement beaucoup plus en sûreté que ne l'est l'honnête bourgeois de Paris, après onze heures, sur les boulevards extérieurs de la capitale de notre pays.

Il faut au voyageur deux domestiques un tantinet « débrouillards », l'un pour les chevaux, le *mafou*, l'autre pour la cuisine et son service. Inutile de s'encombrer de choses qui ne soient pas d'un usage immédiatement pratique. Il faut réduire son bagage au strict nécessaire, de façon à pouvoir le faire transporter par deux ou trois mulets. Dans ces regions pauvres, le domestique doit savoir faire beaucoup avec peu, et sous ce rapport Jules Liéou, mon chef-boy, était particulièrement précieux. Malgré un air de forban, Jules — les domestiques parlant le français sont fréquemment dotés par leur maître d'un prénom européen — était un serviteur de premier ordre, sorte de maître Jacques, tour à tour et suivant les circonstances, cuisinier, interprète, valet de chambre, assistant de chirurgie, pharmacien, cocher, et toujours doué d'un aplomb imperturbable qui en imposait aux patrons des auberges dans lesquelles on faisait halte, soit pour manger, soit pour dormir.

Ces auberges sont loin d'être des palais et beaucoup de nos élégants clubmen feraient une singulière figure s'ils se voyaient contraints de coucher en pareille hôtellerie. Elles sont généralement fort sales, pauvres en meubles, mais particulièrement bien fournies en vermine de toute sorte, qui guette le voyageur dès son entrée. Les toitures laissent fort souvent à désirer et les jours d'orage, la précaution la plus élémentaire vous force à dormir sous un parapluie. La cour de l'auberge est surtout une basse-cour, ou bêtes et gens grouillent à plaisir, en pleine liberté d'actes et d'attitudes : c'est parfois un spectacle drôle pour l'œil, mais presque toujours pénible pour l'odorat. Il faut aussi être plein de circonspection dans le choix de l'emplacement où l'on veut poser ses pieds.

La dimension des auberges est des plus variables. Quelques-unes n'ont que deux chambres : l'une qui sert de dortoir commun aux voyageurs ordinaires, domestiques, patrons, l'autre réservée aux voyageurs de distinction, c'est-à-dire à ceux qui peuvent payer un peu grassement. C'était plaisir de voir le sans-gêne avec lequel mes deux domestiques priaient poliment les braves Chinois déjà installés dans une pièce de l'auberge, de céder la place à leur maître, qui ne tenait pas à avoir de compagnons jaunes dans sa chambre. Et si ces derniers avaient l'air de faire la sourde oreille, Jules et le *mafou* faisaient passer par la fenêtre les malles des voyageurs récalcitrants, qui ne se fâchaient pas, au moins d'une façon apparente.

Que pouvaient-ils dire, d'ailleurs, ces bons Célestes. On les chassait pour donner leur place à un

« mandarin des mers d'Occident » — un de ces sales « barbares aux poils roux », que souvent ils détestent, que presque toujours ils méprisent, mais que les mandarins protègent, par crainte d'histoire désagréable avec le gouvernement central de Pékin.

Je n'ai d'ailleurs eu que tout à fait par hasard l'occasion de recourir à ces procédés peu courtois qui me répugnaient. Ordinairement, le patron de l'hôtel, sûr d'un bon bénéfice, évitait toute difficultés à mes domestiques et prévenait leur désir.

Ces auberges, ai-je dit, sont généralement sales et il ne faut pas se montrer trop exigeant. Mais quand on a son lit pliant, avec une bonne moustiquaire, sa cuvette et son *tub* de voyage, on peut facilement s'en accommoder. En revanche, elles sont d'un prix très abordable — surtout quand on a un domestique honnête, comme Jules. Une chambre, les fournitures de viande et de légumes faites à mon boy pour ma cuisine, la nourriture de deux domestiques (et le coucher), celle de deux chevaux et trois mules, pour une nuit, le tout me coûtait environ 1 fr. 50 à 2 francs de notre monnaie, et encore vu ma qualité de « grand mandarin » et pour se « sauver la face » Jules payait généreusement.

A côté de ces auberges où l'on couche, s'en trouvent d'autres installées au bord du chemin, maisons de thé, dans lesquelles on s'arrête pour laisser reposer bêtes et gens, et absorber quelques tasses de thé bien chaud et non sucré, qui mieux que toutes les boissons glacées, vous désaltèrent d'une façon parfaite. L'expérience de nombreux siècles a appris aux Chinois que l'eau chaude rafraîchit. De là, la consommation du thé bouillant quand ils sont très altérés et l'emploi de serviettes plongées dans l'eau chaude, puis exprimées et promenées, fumantes encore, sur la figure en transpiration, quand on est au théâtre, par exemple. Une réaction de fraîcheur se produit après, particulièrement agréable.

Les Chinois, de même que M. Jourdain faisaient de la prose sans le savoir, font de l'hygiène sans s'en douter. En ne consommant guère que de l'eau qui a bouilli, ils mettent leur tube digestif à l'abri de causes nombreuses d'infection, l'ébullition détruisant un grand nombre de germes morbides.

Le thé et le riz sont deux choses presque inconnues au Nord de Pékin, à cause de leur prix élevé. L'indigène est pauvre, vit au jour le jour et se nourrit surtout de millet. Quant au thé, il est remplacé par un mélange de feuilles de saule et de sophora, qui produisent une infusion jaunâtre, ayant la couleur, mais non le goût du thé. Aussi le voyageur doit-il avoir la précaution de faire porter par son domestique de petits paquets de thé. Dans chaque auberge on trouve de l'eau chaude et des théières. La boisson est instantanément prête. Quand vous avez pris ce qui vous plaît, les domestiques boivent à leur tour, diluant de plus en plus l'infusion. Puis ils la passent au patron de l'auberge, qui gardera les précieuses feuilles, les fera sécher et en tirera une série d'infusions nouvelles. En quittant l'auberge vous laissez la valeur d'un ou deux centimes, et on vous considère comme un généreux **nabab**.

Ces auberges n'ont point de lit. Il y a dans la chambre le *kahn* bâti en briques, qui pendant l'hiver se chauffe par dessous et rayonne, lorsqu'il fonctionne bien, une chaleur douce et continue — sur lequel on se couche. Le patron de l'établissement ne fournit ni matelas, ni couvertures, les draps sont inconnus, aussi, chaque voyageur fait-il suivre tout son attirail de literie, porté ordinairement par sa monture.

La traversée d'un village par un convoi est un grand évènement. La population se met sur les portes, puis suit le voyageur qui arrive en véritable cortège à son auberge. A peine est-il descendu de cheval qu'il est entouré. La foule se presse curieusement autour de lui, s'étonne de tout, depuis sa moustache jusqu'à ses bottes. Les vieillards entrent volontiers en conversation, demandent de quel « noble pays » vient le voyageur, « combien de mers il a traversées », quel est son « illustre nom », son « vénérable âge ». Ils touchent avec intérêt l'étoffe des habits, en considèrent la coupe ; les poches sont pour eux un sujet de haut intérêt, car les Célestes n'en ont point. La manche de leur blouse et leur botte en tiennent lieu et place. Leur curiosité est correcte, pas isolente pour un sou. Les mioches ouvrent des yeux ronds de terreur et d'admiration devant les « diables des mers d'Occident », font des trous dans le papier qui sert de carreau de vitre pour jeter un coup d'œil furtif sur l'installation des « barbares au poil roux ». Les femmes elles-mêmes osent approcher leur énorme et encombrant chignon pour juger, *de visu*, de l'aspect de ce singulier voyageur.

A côté des curieux, il y a les gens qui ont compris que cet étranger pourrait leur rapporter quelques sous ; ce sont surtout les enfants : ou bien ils tendent tout simplement la main, ou bien ils s'offrent pour promener les chevaux, pendant une heure, avant de les faire manger, ou encore, ils proposent d'aller chercher quelques chrétiens isolés de la localité.

Je suis convaincu que beaucoup d'histoires fâcheuses et parfois dramatiques, qui arrivent aux voyageurs en pays neufs, pourraient être sinon toujours évitées, au moins très atténuées dans leur gravité, si les voyageurs savaient rester calmes, s'efforçaient d'essayer de comprendre les civilisations qui les entourent et employaient plutôt la douceur et la persuasion que la violence. Une canne vaut mieux qu'un revolver. Elle fait moins de bruit, ne tue pas : et pourtant employée avec discernement, son effet est presque toujours salutaire. Je n'avais pas emporté d'arme avec moi. Partout où je passais, n'ayant pas la force pour m'imposer en maître, j'essayais de me faire tolérer. Pas de bravades, pas de provocations inutiles et ridicules. Mais je n'aurais permis aucun manquement à mon égard. Un jour, je m'étais arrêté dans une auberge d'un gros village, pour laisser reposer mes chevaux. Pendant que je buvais mon thé, une foule de curieux se pressait autour de moi. Un eunuque en villégiature, reconnaissable à sa figure de vieille femme, ratatinée, plissée comme une pomme à la fin de l'hiver, arriva, important, remuant, gouailleur et faisant sur mon compte des plaisanteries très drôles, évidemment, à en juger par l'hilarité de l'assistance. Je ne comprenais pas ce qu'il disait, mais me rendais parfaitement compte que j'étais l'objet de ses sarcasmes. Je le laissai faire un moment, puis m'adressant au patron de l'auberge, je lui dis en mauvais chinois, mais suffisamment compréhensible : « Est-ce que ce monsieur qui parle ne serait pas un *vieux coq* (désignation très humiliante pour un eunuque), il en a la figure et la voix ? » L'auditoire se mit à rire, mais cette fois au détriment de l'eunuque, qui s'esquiva la tête basse. Par ces quelques mots, aux yeux des Célestes, je venais de me « sauver la face » bien mieux qu'en rossant le facétieux castrat.

Une seule fois, j'ai eu recours à des procédés violents. Au sortir d'un village que je traversais à pied, en croisant un groupe de quatre à cinq individus, l'un d'eux s'avança vers moi et sous mon nez, goguenard, proféra *Yang-Koui-tze* (diable d'étranger). C'était une insulte gratuite à mon égard et qui fit

rire à mes dépens. Très calme, je marchai, à mon
tour, vers ce Chinois ; d'un coup de cravache, lui
cinglai la figure, en ajoutant ces deux mots, éminemment injurieux pour un Céleste : *Ouan-Pa-tane,
œuf de tortue*, et je continuai ma route. Je lui avais
montré que je comprenais ce qu'il disait et que je
n'entendais pas être insulté ; c'était lui qui venait
cette fois, de perdre sérieusement la face. Il ne
riposta pas et aucun de ses compagnons ne songea
à prendre sa défense.

Quand j'arrivais dans un village, la curiosité des
Chinois était parfois gênante. Je laissais à mon domestique le soin d'écarter les gens trop encom-
brants. Ma dignité de grand mandarin n'aurait pu
que souffrir, si je m'y étais employé moi-même. Une
fois ou deux, je me suis amusé des curieux qui faisaient des trous dans les carreaux de papier, pour
regarder dans ma chambre. Je garnissais d'une
solution violette de permanganate de potasse une
puissante seringue que j'avais dans ma caisse de
pharmacie et, au moment où un œil indiscret se po-
sait contre l'orifice du papier, je pressais énergiquement le piston ; le curieux recevait la douche à
bout portant, se reculait l'air piteux, le visage
barbouillé, couleur lie de vin, pour la plus grande
joie de l'assistance.

Très souvent, mon *boy* installait sa cuisine dans
la cour de l'auberge. Aussitôt le cercle se formait
autour de lui. La batterie de cuisine était sortie
de sa caisse, les plats en tôle émaillée, la cafetière

russe, la poêle à queue pliante, les fourchettes, la lampe à alcool, les boîtes de conserves, étaient pour eux une gamme croissante de surprises qui se traduisait par des claquements de langue de plus en plus répétés. Et avec quel air entendu et suffisant Jules leur en expliquait l'usage ! Il était d'ailleurs très remarquable comme habileté et ingéniosité culinaires, mon fidèle Jules. Une demi-heure, trois quarts d'heure après mon arrivée à l'étape, un excellent repas était préparé : un potage, deux plats et du dessert. Parfois même il trouvait le moyen d'y ajouter un entremets sucré !

Il faut un certain entraînement pour arriver à pouvoir dormir dans une auberge, tant on y fait de bruit. Indépendamment des chevaux, ânes, mulets, cochons, chiens qui encombrent la cour, piaffent, s'ébrouent, braient, grognent, hurlent à qui mieux mieux, les voyageurs parlent jusqu'à une heure très avancée de la nuit, jouent aux cartes, aux dominos, à la *mora*, frappant du poing et poussant des cris, fumant des pipes et buvant de l'alcool de millet ou de riz. Ceux qui dorment font aussi du bruit, car tout Chinois pendant son sommeil est transformé en un appareil ronflant, d'une puissance de grand orgue. Si bien qu'une auberge importante, à l'heure où on pourrait la croire plongée dans le profond sommeil, revêt l'allure d'un marché ou d'une minoterie en pleine activité. Toute la nuit, les *mafous* sont en l'air pour faire manger leurs animaux.

En voyage, le Chinois laisse très peu dormir sa monture et ne lui permet guère de manger pendant le jour. Ce régime, fait de l'expérience des siècles, doit avoir du bon, puisqu'il se continue et que ces petits poneys mongols font un execellent service. Ils ne sont pas beaux comme silhouette, sont loin d'avoir le cou du cygne et la finesse d'attaches de nos pur sang. Mais ils se nourrissent de tout, fournissent, des mois durant, des étapes quotidiennes de 50 et 60 kilomètres. Ce sont d'admirables moyens de transport, qui ont la vitesse et la solidité.

Les routes qui mènent de Pékin au plateau de Mongolie ne sont pas des plus brillantes et le service des ponts et chaussées du Céleste Empire, s'il en existait un, aurait fort à faire, pour les rendre accessibles aux automobiles, voire même aux légères voiturettes. Certains Chinois ont d'ailleurs comme spécialité d'entretenir ce mauvais état de la route, pour se faire un petit revenu. Ici, le chemin est coupé par une flaque d'eau, qui aurait une propension naturelle à s'écouler. Mais un Chinois arrive, qui l'endigue, facilite même l'accès d'un petit filet d'eau pour que le bourbier ne tarisse pas. Et dès qu'un passant paraît, aussitôt notre homme se hâte de placer quelques grosses pierres qui permettront au voyageur de traverser à pied sec : ce petit service se paie de quelques sapèques. Les kilomètres paraissent terriblement longs par ces chemins primitifs. Aussi, les Chinois ont-ils une façon particulière d'évaluer les distances, selon que la route est bonne ou mauvaise. L'unité de mesure, le *li*, qui est de 500 mètres environ, varie du simple au triple, selon qu'on monte ou qu'on descend : du bas de la côte au sommet il y a trois fois plus de lis que du sommet au bas ; méthode éminemment juste, la distance n'ayant de valeur que par le temps employé à la parcourir.

La plaine du Tchély, dans laquelle se trouve Pékin, est séparée de la *Terre des Herbes* par une épaisse barrière de montagnes, courant de l'est à l'ouest, dont les étages s'élèvent successivement sur une largeur de 150 à 200 kilomètres. Et c'est lorsqu'on a franchi ce dernier échelon qu'on tombe brusquement sur le plateau mongol, situé à 1.200 ou 1.500 mètres d'altitude. C'est là, pour le voyageur, une surprise très grande : trouver, tout à coup, la plaine devant soi, étendue, sans limites, alors qu'il s'attendait encore à franchir des cols, descendre des ravins, remonter des pentes difficiles.

A trois jours de Pékin, je franchis la grande muraille à Kou-pé-Ko, autrefois point stratégique important, déchu aujourd'hui, parce qu'il n'a plus sa raison d'être au point de vue militaire. De puissantes constructions y témoignent encore de sa splendeur passée : mais il n'y a plus que des ruines, maintenant. On y voit la *grande muraille* escalader les premiers contreforts du massif montagneux ; rien ne l'arrête : ni les gorges profondes, ni les crêtes les plus escarpées, qui étaient déjà d'excellentes barrières naturelles contre l'invasion. Et l'on reste rêveur devant l'inanité de ce colossal travail, qui de la mer aux frontières du Thibet, déroule ses longues ondulations de pierre qui, depuis des centaines de siècles, défient les chaleurs torrides et les pluies torrentielles des étés, les froids sibériens et les tempêtes de vent de l'hiver.

La muraille franchie, il faut suivre, la plupart du temps, des sentiers de montagne dans lesquels la prudence la plus élémentaire vous oblige souvent à mettre pied à terre. Il faut laisser souffler bêtes et gens, heureux encore quand une journée se passe sans que vous ayez vu un mulet ou un âne rouler avec son fardeau au fond d'un ravin.

Les arrêts sont faits n'importe où, le Chinois n'ayant pas de préférence pour un endroit plutôt que pour un autre. Il se repose partout, bien et profondément. Il faut croire que ces domestiques célestes ont peu de nerfs. Ils s'arrêtent dix minutes et dorment, dans la position accroupie, pendant huit minutes, même si les mouches voltigent dans leur bouche toujours ouverte, ou si le soleil leur rôtit le crâne.

Dans cette région montagneuse, il y a de nombreuses rivières à traverser, sans parler d'une quantité considérable de ruisseaux, que les pluies transforment, en quelques heures, en torrents, et sur les bords desquels se dressent des pagodes rus-

tiques en terre battue, dans lesquelles on vient brûler des bâtonnets odoriférants pour calmer la colère
du *dragon de la rivière*, cause des débordements.

Les ponts n'existent pas et la traversée des
rivières se fait tantôt à gué, c'est-à-dire les chevaux

Fig. 85. — Pagode rustique.

ayant parfois de l'eau jusqu'au garrot, tantôt en
bateau. Dans ce cas, les cavaliers seuls sont embarqués. Les bêtes suivent à la nage, souvent tenues
en main, par un indigène qui nage avec elles. Mais
quand la rivière est torrentueuse, les Chinois aiment peu se mettre à la nage. Alors, les animaux
dessellés, débarrassés de leur charge, sont poussés

à la rivière, à grand renfort de cris et de coups
de fouet. Ils n'y entrent pas toujours volontiers :
arrivés au bord de l'eau, ils font demi-tour et partent à travers champs, poursuivis et affolés par les
hurlements des conducteurs. Enfin, l'un d'eux se
décide à se jeter à l'eau et les autres, en moutons
de Panurge, suivent. Pendant ce temps, le bateau
a franchi la rivière et de la berge opposée, on appelle les bêtes qui, docilement, se rendent à la voix.
Mais ces traversées de rivière sont parfois labo-
rieuses. Deux missionnaires et moi attendîmes,
un matin, près de deux heures, sur la berge du
I-Ho, large de 40 mètres, que nous avions franchi
en bateau, que nos mules et nos chevaux voulussent
bien venir nous rejoindre.

Ordinairement, les bateliers essaient de faire
chanter les passagers ; des discussions interminables s'engagent. Instruit par une première expérience, j'avais adopté la méthode suivante : le
passeur me demandait toujours un prix exorbitant ;
j'embarquais dans son bateau sans même discuter
le prix et arrivé de l'autre côté de la berge, je lui
donnais un bon salaire, mais qui n'était guère que
le dixième de celui qu'il m'avait demandé. Il gro-
gnait pour la forme, mais partait enchanté au fond,
car je payais encore cinq fois plus cher qu'un
Chinois.

La traversée d'un gué peut être parfois dangereuse. Certains gués sont très étroits. Il est bon
d'avoir un pilote, qui guide votre cheval. Et cette

précaution est d'autant plus nécessaire que les indigènes qui se font un petit revenu de ce métier de conducteurs ont, pour se rendre indispensables, la précaution de creuser çà et là des trous dans lesquels homme et cheval disparaîtront, s'ils s'éloignent du vrai chemin du gué : c'est la carte forcée.

On peut marcher des heures et des heures sans trouver âme qui vive. A peine rencontre-t-on quelque misérable village aux rues sales, véritables fondrières, où croupissent excréments et déjections d'hommes et d'animaux et que les pluies transforment en mares.

Quelquefois on arrive devant la porte d'une mission catholique, qu'on distingue tout de suite à son air coquet, à sa croix qui surmonte la porte. C'est l'oasis dans le désert, la propreté relative après la saleté dégoûtante de l'auberge ; une chambre rudimentaire, mais bien tenue ; une table. enfin, à laquelle on peut s'asseoir vis-à-vis d'un homme de sa couleur et de sa race.

Toute la Mongolie est confiée à l'administration ecclésiastique de missionnaires belges, prêtres gais et affables qui vous accueillent à bras ouverts dans leur résidence, entourée de murs crénelés comme une baronnie du moyen âge, et tuent en votre honneur, non pas le veau gras, mais le cochon de la même qualité, un de ces énormes porcs noirs, ventrus et râblés, à l'aspect de sangliers dont toute cette région est particulièrement bien fournie.

Ils débouchent pour la circonstance une bouteille

de leur vin de messe, fait avec les raisins du pays, petit vin légèrement mousseux, assez mauvais, mais auquel on arrive à se faire.

La viande ne manque pas dans cette contrée, le mouton et la chèvre y abondent ; le mouton y est exquis. Le gibier y foisonne et l'on peut parfois être invité à goûter à quelques mets très recherchés des indigènes : tendons de cerfs au bouillon et surtout une sorte de gelée faite avec du sucre et la matière gélatineuse et sanguine qui se trouve dans le bourgeon charnu de la racine de la corne du cerf.

Quand j'arrivai à Toun-Kia-Yng-Tzé, petite localité où régnait justement la peste, ma venue avait, dès la veille, été signalée au missionnaire belge, le sympathique Père Polydore de Beule, par un chrétien expédié en émissaire. Aussi, en pénétrant dans le village, grande fut ma surprise d'être reçu avec des fusées et des feux d'artifice et de voir flotter sur la résidence les deux drapeaux belge et français, que le « père spirituel », comme disent les Chinois, avait eu la délicate attention de faire arborer. Seuls, ceux qui ont depuis longtemps quitté leur pays et qui, pendant des mois, ont perdu le contact de leurs semblables, comprennent vraiment le sens de ces trois morceaux d'étoffe de couleur différente, cousus ensemble et montés sur un bâton. Leur cœur est saisi par une bien vive et douce émotion à la vue de cet oripeau, qu'il soit fait d'andrinople ou de soie et leur main se porte spontanément à leur chapeau pour saluer cette représentation vivante, en ce coin perdu du monde, de la patrie absente.

A mon entrée dans le village, tous les notables chrétiens et païens étaient réunis devant la porte de la résidence. Depuis longtemps, à son prêche, le missionnaire avait annoncé que la « Grande France » qui protégeait la mission, devait envoyer un médecin pour étudier la terrible maladie. Ces notables avaient l'air de pauvres gens, honnêtes, mais d'une saleté repoussante. Et en voyant leurs figures noires de crasse, leurs habits sordides, je supposai que habitations et gens devaient être d'excellents terrains de culture pour le bacille pesteux.

Le missionnaire n'est pas toujours là quand le voyageur arrive. Mais son catéchiste vous fera les honneurs de la résidence, qu'il vous montrera de fond en comble, depuis l'église qui, parfois, revêt une forme des plus originales, jusqu'à l'orphelinat, où des sœurs indigènes gardent une légion de mioches, pouilleux, chassieux, sales et puants, recueillis par les pères.

Le missionnaire, dans ces régions éloignées, est non seulement le « père spirituel » de ses chrétiens, mais il est aussi leur chef temporel. Il leur sert d'intermédiaire auprès des autorités chinoises et mongoles. Cette autorité du missionnaire quand elle est exercée par un homme intelligent, ayant du tact, ne peut être que fructueuse. Malheureusement, quelques missionnaires ont parfois une certaine tendance à défendre trop énergiquement leurs fidèles et à soutenir leur cause, auprès des autorités locales, même lorsque le droit n'est pas tout à fait de leur côté. Pour ne pas « avoir d'histoire », le mandarin donne raison aux missionnaires et partant, à leurs chrétiens. Aussi les chrétiens en arrivent à considérer leur missionnaire comme leur vrai mandarin ; ils ne s'inquiètent guère de l'autorité locale et, avec une certaine raison, les Chinois leur reprochent de tendre à former une sorte d'Etat dans l'Etat.

Le métier des missionnaires est très pénible dans ces contrées, à cause des distances parfois considérables qu'ils doivent parcourir pour l'exercice de leur ministère. Souvent, de nuit, ils font 25 et 30 kilomètres pour aller administrer un moribond, course horriblement dure, pendant l'hiver surtout, alors que souffle le vent glacé de Sibérie et que le thermomètre marque 40 degrés au-dessous de zéro.

Les variations de température sont extrêmement rapides et le thermomètre, en quelques heures, tombe de 20 à 25 degrés.

Au mois de septembre, je notai dans l'après-midi, 40° à mon thermomètre exposé au sud. Pendant la nuit, le vent du nord souffle. Le matin, mon thermomètre était à 3° au-dessous de zéro.

Il arrive parfois, pendant l'hiver, que sur le plateau mongol, des convois de sel sont brusquement surpris par un de ces coups de vent, qui vient de traverser les steppes de la Sibérie ; le lendemain bêtes et gens sont retrouvés immobiles, raidis, tués par le froid.

C'est une vraie joie pour le missionnaire que de voir passer un voyageur d'une nation ou d'une race très voisine de la sienne. Le *globe-trotter* se fait rare, dans ces contrées reculées, aussi celui qui est venu frapper à la porte hospitalière y est-il le bienvenu. Des parties de chasse, dans les forêts impériales, sont organisées en son honneur. De nombreux chrétiens servent de rabatteurs et le fusil n'a que l'embarras du choix du gibier, depuis la perdrix jusqu'au cerf-cheval, en y comprenant le faisan, le chevreuil, l'antilope, l'argali... J'en passe et des meilleurs.

Le missionnaire est heureux de vous faire les honneurs de sa modeste église. Souvent il en a été lui-même l'architecte et aussi l'entrepreneur. A Toun-Kia-Yng-Tzé, le Père Polydore dut faire non seulement le dessin d'ensemble, mais il dut figurer sur le papier l'emplacement de chaque brique, les maçons du pays ne sachant bâtir des maisons qu'avec de la terre argileuse mêlée de paille. Il dut même installer une fabrique de briques. Aussi était-il fier de son œuvre, bien que son clocher se fût effondré par deux fois.

Beaucoup de ces petites églises ont une forme un peu spéciale : celle d'une double nef, formant un angle droit. L'autel est au sommet de l'angle. Dans une nef, les hommes, dans l'autre, les femmes. La séparation des sexes, si rigide chez les Chinois, est acceptée par l'Eglise en Mongolie et avec raison : à quoi bon blesser les sentiments de gens qu'on veut gagner à sa religion ? Et ce n'est pas un médiocre étonnement pour le voyageur que d'entendre un prêtre à longue barbe haranguer, en langage rocailleux et nasillard, une foule attentive, assise par terre sur des morceaux de feutre et tournant le dos au prédicateur.

Il n'y a pas toujours un missionnaire européen à la résidence. Si cette dernière n'est pas très importante, la place peut être tenue par un prêtre chinois, qui recevra le voyageur avec empressement, fera de son mieux pour lui rendre l'arrêt agréable. « Eo occidere porcinum », me disait le vieux Père Kia à mon arrivée à la mission de la Vallée des Tigres, en un latin qui sentait sa cuisine à plein nez. Car c'est à cette dernière langue qu'il faut avoir recours pour se faire comprendre des prêtres indigènes, si on ne parle pas le chinois. La conversation est parfois languissante. On s'en tire tout de même. Mais je suis sûr que les dialogues qu'il aurait pu entendre auraient fait frémir d'horreur Lhomond. Le savant latiniste aurait sans doute conclu que le missionnaire et moi employions pour converser un dialecte dont n'auraient pas rougi les marmitons nègres des cuisines du Bas-Empire.

Il ne faut pas trop s'inquiéter des barbarismes et des solécismes ; l'essentiel est d'être compris et on y arrive facilement. : « Da mihi francescam medicinam ad occidendum vermines in ventro », me disait un prêtre chinois. Et je n'hésitais pas à lui donner de la santonine.

La Mongolie Orientale, administrée maintenant par les prêtres belges, le fut jadis par les Lazaristes français. De Toun-King-Ya-Tze, j'accomplis un pieux pèlerinage à Pé-li-Gô, où se trouve encore la petite chrétienté d'où les pères Huc et Gabet partirent pour leur fameux voyage au Thibet en 1842, voyage qui se termina par l'arrivée à Lahassa-la-Mystérieuse des deux intrépides voyageurs. Lahassa est jalousement fermée aux Européens. Dutreuil de Rhins, Bonvalot et d'Orléans, Swen-Hedin, Savage Landor, ont vainement essayé d'y pénétrer. Les autorités thibétaines ont toujours arrêté les voyageurs à trois ou quatre jours de marche de leur capitale. Huc et Gabet sont les seuls Occidentaux qui soient allés à Lahassa et qui en soient revenus : car avant eux, un anglais, Bancroft, avait réussi à y pénétrer, à y séjourner même plusieurs années, mais il avait été massacré dans le Ladak, au moment où il regagnait les Indes (1).

La petite chapelle du Père Huc existe encore. Je couchai dans la chambre du missionnaire-explorateur. Et là, me remémorant les phases principales de son long et périlleux voyage, j'admirai

(1) Avant eux, un missionnaire, Odoric de Frioul, était passé par Lahassa au xiv⁰ siècle, revenant de Pékin en Europe.

l'audace et la confiance de ce prêtre, partant à l'aventure, pour ce pays inconnu, mystérieux, hanté par cette idée obsédante : Evangéliser le Thibet. Certaines contestations géographiques me revenaient en mémoire. A plusieurs reprises et récemment encore, les Anglais ont prétendu que le Père Huc n'avait jamais pénétré dans la ville du Dalaé-Lama et que son récit n'était qu'une pure gasconnade. Il est facile de réduire à néant ces assertions, par des renseignements que je tiens de vieux missionnaires de la Mongolie Orientale, qui connurent le domestique du Père Huc le Mongol Sandiachemba, quarante ans après son retour du Thibet. Le livre du père Huc en main, ces missionnaires interrogèrent souvent le serviteur : « Quand vous fûtes à tel endroit, que fîtes-vous ! Et ici, que se passa-t-il ? » A chaque question, la réponse était en concordance avec la relation du prêtre français. N'est-ce pas la meilleure preuve de la véracité de la relation de Huc sur son voyage dans le Thibet, la Terre interdite !

Toute la Mongolie Orientale — ou à peu près — est aujourd'hui occupée et exploitée par les Chinois. Le Mongol est un être rare dans la région que j'ai parcourue. Quand par hasard j'en rencontrais un, je ne manquais pas de lui servir les trois mots de sa langue que j'avais à ma disposition : « *Mondou, Mondou, Tisaïne, baïnou* — bonjour, bonjour, ça va bien ? »

Son ahurissement d'entendre un Occidental

s'adresser à lui dans son idiome se traduisait par un élargisement notable de sa large face carrée.

Les Mongols, paresseux et indolents, se sont à peu près retirés avec leurs troupeaux vers le Nord. Les Célestes ont détruit les forêts par le feu, défriché la terre et se livrent avec âpreté à la maigre culture du coton, des céréales et de l'opium, de qualité très ordinaire et qu'ils falsifient, malgré cela, avant de le mettre en circulation.

Ils fabriquent aussi beaucoup de teinture d'indigo dont on fait un grand usage pour la coloration des étoffes. L'herbe, préalablement foulée avec les pieds, est mise à macérer dans des bassins cimentés de 5 mètres de diamètre, sur 70 centimètres de profondeur et des poutres chargées de pierres la maintiennent constamment sous l'eau. Je ne sais quel temps dure la macération, qui donne un liquide d'un beau vert. Celui-ci est mélangé à de la chaux dans de grands récipients et le mélange prend une couleur bleue. De temps à autre, les récipients sont débouchés par le bas ; le liquide s'écoule par un caniveau, à l'extrémité duquel se trouve un filtre de paille qui arrête la chaux et va se collecter dans un grand bassin rectangulaire.

Les Chinois ne sont pas possesseurs de la terre. Ils l'ont louée à bail amphithéctique aux princes mongols. Ceux-ci qu'on désigne encore sous le nom de rois — roitelets plutôt — passent chaque année en plus ou moins imposant cortège pour prélever les impôts et pressurer s'ils le peuvent leurs locataires.

Les Mongols ont une face bonnasse et une grosse tête carrée et rasée. Beaucoup portent la natte à la mode mandchoue. Quand ils viennent à Pékin, la capitale, malgré ses ruines, sa vétusté et ses ordures, est pour eux une source perpétuelle d'admiration. On les rencontre par les rues, les bras ballants, la mine ébahie, étonnés et amusés de tout comme de grands enfants. Ils sont simples et naïfs, aussi sont-ils une proie facile pour le Chinois commerçant et retors en affaires. Ils arrivent à Pékin, pendant l'hiver, par caravanes. Leurs énormes chameaux à deux bosses portent du gibier, surtout du chevreuil et de l'antilope, souvent pris au piège ou tué depuis plus de deux mois, mais en état de conservation parfaite, grâce à la congélation... naturelle et gratuite, fournie par le rude climat du nord de la Chine.

Emmitouflées dans leurs fourrures, les femmes sont au premier abord difficiles à distinguer des hommes. Figures carrées et rougeaudes, brûlées par le froid et le grand air, les Mongoles sont quelquefois jolies. Mais combien sales ! Elles sont assez coquettes et, quand leurs moyens le leur permettent, elles se couvrent de pesants bijoux d'argent et s'habillent d'étoffes de couleurs très voyantes. Les femmes riches ont des coiffures très compliquées. Leurs cheveux sont partagés en deux bandeaux qui forment de chaque côté de la tête deux coques, larges de 20 centimètres et très minces — à peine un demi-centimètre — que maintiennent de longues épingles en argent doré. L'extrémité du bandeau est logée dans une sorte de tube d'argent long de 30 à 40 centimètres, de la grosseur du bras, travaillé, ajouré, garni de pierreries et retombant sur la poitrine. De longues pendeloques de turquoises, de corail et de perles descendent de chaque côté de la figure en avant des oreilles. Les princesses ont grand air avec leur volumineux chapeau de zibeline, leur grand manteau de la même fourrure et tout leur caparaçon d'argent, d'or et de pierreries.

La femme mongole ne paraît pas comme la chinoise effrayée par l'étranger. Elle le regarde avec curiosité, se laisse elle-même dévisager, sans en paraître trop gênée. Et si on lui offre une cigarette, en faisant comprendre par geste quel en est l'usage, elle ne se fait guère prier pour l'accepter et l'allumer.

La Mongolie est le pays des *lamas* à la tunique jaune, à la face carrée, au crâne rasé. Ces prêtres d'une ignorance qui n'a d'égale que leur saleté et leur immoralité vous font assez bon accueil dans leurs monastères qui revêtent parfois les proportions d'une véritable ville. On peut assister à leurs cérémonies, entendre le chant monotone des litanies et y trouver pas mal d'analogies avec le culte catholique. Dans le *Panthéon* bouddhiste nous voyons une femme, avec un enfant dans les bras, la *déesse de la Miséricorde*, ayant tout à fait les allures d'une Vierge ; nous y rencontrons des quan-

tité de saints, renommés comme ceux de l'Eglise
romaine. Le bouddhisme a ses temples dans lesquels les ermites et les prêtres peuvent s'enfermer et s'abstraire de la vie et du monde ; il y a
des couvents dans lesquels les femmes entrent
après avoir fait le vœu de ne pas se marier (et
pour ce, elles se rasent la tête) et de se consacrer
toute leur vie à la prière et aux œuvres chari-
tables. Les prêtres se rasent la tête, portent des
robes aux manches amples et aux couleurs variées,
se vouent au célibat, observent le jeûne et l'abstinence, font des pèlerinages, s'imposent des châ-
timents corporels et se refusent à participer aux
joies de ce monde — tout ceci en théorie ; mais en
pratique !..... Dans les temples, il y a l'autel et
ses chandeliers, l'encensoir, l'eau bénite, les clo-
ches, les reliques et les offrandes. Dans le culte on
emploie le rosaire, les prières chantées, les prières
pour les morts, les antiennes avec génuflexions
sans nombre. Enfin, comme dans le culte catholique, les prières se font en langue étrangère, c'est-
a-dire en thibétain, et comme un chrétien qui ânon-
ne un latin qu'il ne comprend pas le plus souvent,
le Mongol récite des sons inintelligibles pour lui,
importés jadis du Thibet. Le P. Huc avait noté :
« qu'un examen même superficiel du culte lamanes-
que du Thibet et de la Tartarie frappe par ses analogies avec le culte catholique. La crosse, la mitre,
la dalmatique, la châsse que portent les grands
lamas en voyage ou quand ils accomplissent les

cérémonies hors du temple ; le service avec les deux chœurs, les psalmodies, les exorcismes, l'encensoir, suspendu à cinq chaînes, qu'on peut ouvrir ou fermer à volonté ; la bénédiction donnée par les lamas en étendant la main droite sur la tête des fidèles ; le chapelet ; le célibat ; la retraite, le culte des saints, le jeûne, les processions, les litanies, l'eau bénite, sont autant d'analogies entre le bouddhisme et nous ».

La région que j'ai traversée n'est pas un coin important de religiosité bouddhiste, Il m'aurait fallu remonter plus au nord-ouest pour trouver les monastères fameux, dans lesquels résident les vrais *bouddhas vivants*. Ourga en possède un. C'est même un bouddha « dans le train » car il fait de la bicyclette ! La possession d'un de ces bouddhas vivants est une mine inépuisable de revenus pour le monastère, qui devient de la sorte un grand centre d'attraction pour les pèlerinages. Même mort, ce « bouddha vivant » est encore une source de fortune, car beaucoup de Mongols viennent faire des offrandes à la tombe de cette incarnation de Fô, décédé en odeur de sainteté quelquefois..., de saleté toujours.

Pour qui sait regarder, la route n'est jamais longue. Il ne se passe pas d'heure que quelque fait nouveau ne vienne attirer l'attention. Un médecin, mieux que personne, grâce à l'étendue et à la complexité de ses études peut trouver, sans cesse, des sujets d'observation.

Dans ces pays, en apparence déserts, les nouvelles se répandent avec une extraordinaire rapidité. Mon passage ou mon arrivée dans un village était connu à l'avance. Une réputation, qui comme la renommée

Grossit de bouche en bouche et s'accroît en marchant

me précédait. Partout où je faisais halte, j'étais entouré par une foule avide de remèdes et de consultations. Bien que mon bagage pharmaceutique ne fût pas lourd, il fallait pour tous les cas avoir un médicament ou trouver quelque chose qui en tînt lieu ou place. Mon grand succès était surtout pour ce qui concernait l'ouïe. Le nombre des sourds, ou plutôt des durs d'oreille est prodigieux, grâce aux bouchons de crasse qui encombrent les conduits auditifs. Deux coups de seringue, avec de l'eau chaude dans laquelle je versais une drogue hypothétique — il faut frapper l'esprit du patient — et le bouchon sortait. Le malade entendait et criait au miracle. Jules excellait dans cette délicate profession de laveur d'oreilles, et ses compatriotes le considéraient comme supérieur à son maître, si j'en juge au moins par le qualificatif qu'on lui donnait. Jules était le « grand vieillard » — *ta-lao yé ;* — moi, je n'étais que « vieillard » *lao-yé ;* il y a un abîme de hiérarchie entre ces deux appellations.

La façon dont j'ai été accueilli partout, à cause

de mon titre de guérisseur m'a fait souvent réflé-
chir au rôle que pourrait jouer, comme missionnaire laïque, propagateur de l'influence française,
le médecin-voyageur qui voudrait envisager l'exercice de sa profession chez les jaunes, les nègres,
les marrons ou les rouges, comme un véritable
sacerdoce. Ma façon d'examiner les malades, mes
instruments, mes fioles à médicaments, les mots
français que mon domestique et moi échangions,
tout était fait pour frappper l'esprit simple de ma
clientèle improvisée. J'étais considéré comme une
sorte de sorcier, un thaumaturge, un homme capable d'entretenir des relations avec des forces surna-
turelles. Mes conseils étaient attentivement écou-
tés, mes drogues avidement prises et parfois le
papier qui servait à envelopper les poudres de qui-
nine ou de bismuth était avalé en même temps que
les médecines : mes malades étaient convaincus
que les caractères d'écriture ou d'imprimerie qu'ils
portaient étaient des signes cabalistiques,des charmes tracés par moi pour ajouter à la puissance des
remèdes. Et devant cette foi aveugle et curative,
me revenait en mémoire cette phrase de Daudet,
parlant du médecin, dans *Sapho* : « dernier prêtre,
dernière croyance, invincible superstition. » Un
jeune mandarin, à peu près aveuglé par deux taies
centrales des cornées, vint me demander de le
guérir, séance tenante. Je n'avais malheureusement pas le pouvoir de lui rendre la vue, en mettant dans ses yeux malades un peu de poussière

délayée dans de la salive, suivant la méthode évan-
gélique. Mais son cas était de ceux dans lesquels le
couteau de l'oculiste fait merveille. Je lui dis que
s'il voulait venir me trouver à Pékin, je pouvais
à peu près sûrement lui promettre de lui rendre,
—pour rien —sinon une vision comme par le passé,
au moins le moyen d'y voir très suffisamment. Il
me crut, n'hésita pas à faire un voyage de 600 kilomètres à cheval pour venir demander les soins
de mon art et n'eut qu'à se féliciter de son déplace-
ment. De pareils résultats font peut-être autant
pour le bon renom de la France que les mouvements de nos canonnières ou les tracasseries de nos
diplomates.

Toute cette portion de la Mongolie Orientale est
infestée par des bandes de pillards exerçant le bri-
gandage à main armée et terrorisant le pays. La
plupart d'entre eux sont à cheval. Ils attaquent,
soit en ville, soit dans un village, une auberge ou
une maison riche. Ils attendent, pour tenter leur
coup, le point du jour, c'est-à-dire le moment où
s'ouvre la porte de la cour. Ils l'envahissent, pénètrent dans la maison, saisissent et ligotent le propriétaire et, pour l'engager à avouer, le mettent
à la question, si le besoin s'en fait sentir. Il y a
parfois, dans les villages, de véritables batailles
entre les voleurs et les habitants. Deux ans avant
ma venue à Toun-Kia-Yng-Tze, la populantion et
les brigands en vinrent aux mains, et, surtout, aux
coups de feu : il y eut sept à huit tués de chaque
côté.

La proximité de la Mandchourie, qui est un lieu de déportation, permet de comprendre pourquoi les voleurs pullulent en cette contrée.

L'Européen n'a guère rien à redouter d'eux : ils savent qu'il n'a que peu ou pas d'argent et, pour employer une expression vulgaire, ils estiment que « le jeu n'en vaut pas la chandelle », qu'il est très bien armé et que, surtout, il a une arme terrible contre eux : se plaindre à son ministre de Pékin. Celui-ci demandera une réparation au gouvernement chinois et le gouvernement fera traquer, pendant quelque temps, tous ces pillards. Avec leurs concitoyens, ils n'ont au moins rien à craindre. Ils peuvent les rançonner tout à leur aise ; les doléances des volés ne sont pas entendues en haut lieu. Aussi, les Chinois n'aiment guère à se risquer seuls dans certaines régions. Ils se groupent et portent ostensiblement des armes : vieux mousquets, pistolets à pierre, sabres rouillés, dont ils seraient, peut-être, fort en peine de faire usage.

Certaines contrées sont réputées, et à bon droit, comme de véritables repaires de brigands et les Chinois redoutent de s'y engager. Un jour j'eus à traverser une région de ce genre, sans m'en douter, d'ailleurs. Mais mon boy en avait été informé et n'était qu'à demi rassuré sur la façon dont se terminerait la journée. Au moment du départ, je fus très surpris de le voir mettre en tête du cortège et faire marcher à 200 ou 300 mètres en avant de

nous un chrétien armé d'un fusil à mèche. Comme
j'avais l'air de m'étonner de la chose, Jules me
répondit que ce pays était très giboyeux et que
je pourrais avoir l'occasion de tirer des faisans.
Bien que je ne fusse pas chasseur, je ne prêtais
aucune attention à cette singulière prévenance de
mon domestique. Mais deux jours après, étant chez
des missionnaires, je fis allusion à la région que
je venais de traverser et parlai de la précaution
prise par mon boy pour me faciliter l'occasion
d'abattre un beau gibier. Les missionnaires me
répondirent : « Le gibier n'était que prétexte à
votre domestique, il faisait marcher en avant un
homme armé. Si celui-ci avait été arrêté, il aurait
annoncé que, derrière lui, venait un mandarin
d'Occident, armé jusqu'aux dents, pour éviter aux
brigands toute velléité de vous attaquer. »

Ce qui protège mieux que les armes est une
bonne assurance contre le pillage prise dans quelque auberge de la contrée suspecte. Le patron s'en-
tend avec les voleurs, leur signale les voyageurs
qui valent la peine d'être arrêtés, leur fait connaître leur itinéraire. Les voyageurs savent à quoi
ils sont exposés, ils prennent une assurance. La
prime à payer est assez forte, mais garantit sûrement.

Il est arrivé, parfois, que des missionnaires ont
été arrêtés par pure méprise ; on les avait confon-
dus, à cause de leurs vêtements, avec des indigènes. L'erreur reconnue, les voleurs s'excusaient

très poliment en ajoutant qu'ils les considéraient comme des amis.

Aussi, pour se mettre à l'abri d'une pareille confusion qui, par un malencontreux hasard, pourrait se traduire par un coup de fusil, les missionnaires, lorsqu'ils voyagent, ont soin de mettre sur leurs charrettes des drapeaux belges et français. S'il y avait erreur, elle serait volontaire.

J'ai rencontré, parfois, des convois dans lesquels certaines charrettes étaient de vrais blockhaus ambulants. Ils ne leur manquait qu'un blindage. Dans les bâches en natte, étaient ménagées des meurtrières par lesquelles on voyait passer des gueules de vieux fusils.

Habituellement, les voleurs tombent à l'improviste sur les convois et ne leur laissent pas le temps de se mettre en position de défense. D'ailleurs, l'armement des brigands est des plus modernes : ils ont des revolvers et des winchesters, qu'ils se procurent facilement moyennant finances. Ils ont également un moyen plus économique de s'équiper : ils attaquent les postes de soldats et leur enlèvent leurs armes. Le fait s'était produit quelques jours avant mon arrivée à l'évêché de Notre-Dame-des-Pins.

Toute cette région, au moment où je la traversai, venait d'être agitée par la société secrète des *Tsaéliti*, qui avaient martyrisé des chrétiens ; un missionnaire n'avait dû son salut qu'à la fuite pendant la nuit. L'ordre était rétabli et rien ne pouvait faire prévoir la nouvelle insurrection de

1900, insurrection qui n'était que le contre-coup de la révolution anti-étrangère qui venait d'agiter le nord de la Chine et Pékin et qui, pour quelques mois, allait mettre la Mongolie Orientale à feu et à sang.

TABLE

LYON

IMPRIMERIE A. STORCK ET Cⁱᵉ

Rue de la Méditerranée, 8

A. STORCK & Cⁱᵉ, Imprimeurs-Éditeurs. LYON

PARIS. — 16, rue de Condé. — PARIS

Lyon. — Imp. A. Storck et Cⁱᵉ, 8, rue de la Méditerranée.